Detlef Huber

Ravensburger Taschenbücher
Band 600

Judith Kerr ist die Tochter des bekannten Theaterkritikers Alfred Kerr. Sie wurde 1923 in Berlin geboren, mußte wie die Heldin ihres Buches während des Dritten Reiches emigrieren und kam nach London. Heute ist sie mit dem Schriftsteller Nigel Kneale verheiratet und hat einen Sohn und eine Tochter. Judith Kerr hat (neben drei Bilderbüchern) noch zwei Romane geschrieben, Fortsetzungen des vorliegenden Bandes: »Warten bis der Frieden kommt« und »Eine Art Familientreffen«. Beide sind in der »Ravensburger Jungen Reihe« erschienen.
»Als Hitler das rosa Kaninchen stahl« wurde 1974 mit dem Deutschen Jugendbuchpreis ausgezeichnet.

Judith Kerr

Als Hitler das rosa Kaninchen stahl
Judith Kerr

Aus dem Englischen übertragen von Annemarie Böll

Otto Maier Verlag Ravensburg

Dieses Buch ist erstmals erschienen 1973
in der »Ravensburger Jungen Reihe«

Erstmals 1980 in den Ravensburger Taschenbüchern
Die englische Originalausgabe erschien unter dem Titel
»When Hitler Stole Pink Rabbit«
bei William Collins, Sons & Co Ltd., London

Umschlaggestaltung: Graphisches Atelier Otto Maier Verlag
nach der Konzeption der Originalausgabe
in der »Ravensburger Jungen Reihe«

Gesamtherstellung: Ebner Ulm
Printed in Germany

5 4 84 83 82 81

ISBN 3-473-38600-6

1

Anna war mit Elsbeth, einem Mädchen aus ihrer Klasse, auf dem Heimweg von der Schule. In diesem Winter war in Berlin viel Schnee gefallen. Er schmolz nicht, darum hatten die Straßenkehrer ihn auf den Rand des Gehsteiges gefegt, und dort bildete er seit Wochen traurige, immer grauer werdende Haufen. Jetzt, im Februar, hatte sich der Schnee in Matsch verwandelt, und überall standen Pfützen. Anna und Elsbeth hüpften mit ihren Schnürstiefeln darüber weg.

Sie trugen beide dicke Mäntel und Wollmützen, die ihre Ohren warm hielten, und Anna hatte auch noch einen Schal umgebunden. Sie war neun, aber klein für ihr Alter, und die Enden des Schals hingen ihr beinahe bis auf die Knie. Der Schal bedeckte auch Mund und Nase, so daß nur die grünen Augen und ein Büschel dunkles Haar von ihr zu sehen waren. Sie hatte es eilig, denn sie wollte noch im Schreibwarenladen Buntstifte kaufen, und es war beinahe Zeit zum Mittagessen. Aber jetzt war sie so außer Atem, daß sie froh war, als Elsbeth stehenblieb und ein großes rotes Plakat betrachtete.

»Da ist wieder ein Bild von dem Mann«, sagte Elsbeth. »Meine kleine Schwester hat gestern auch eins gesehen und gedacht, es wäre Charlie Chaplin.«

Anna betrachtete die starren Augen, den grimmigen Ausdruck. Sie sagte: »Es ist überhaupt nichts wie Charlie Chaplin, außer dem Schnurrbart.«

Sie buchstabierten den Namen unter der Photographie: »Adolf Hitler.«

»Er will, daß alle bei den Wahlen für ihn stimmen, und dann wird er den Juden einen Riegel vorschieben«, sagte Elsbeth. »Glaubst du, er wird Rachel Löwenstein einen Riegel vorschieben?«

»Das kann keiner«, sagte Anna. »Sie ist Klassensprecherin. Vielleicht macht er es mit mir. Ich bin auch jüdisch.«

»Das stimmt nicht!«

»Doch. Mein Vater hat vorige Woche mit uns darüber gesprochen. Er sagte, wir seien Juden, und was auch immer geschähe, mein Bruder und ich dürften das nie vergessen.«

»Aber ihr geht samstags nicht in eine besondere Kirche wie Rachel Löwenstein.«
»Weil wir nicht religiös sind. Wir gehen überhaupt nicht in eine Kirche.«
»Ich wünschte, mein Vater wäre auch nicht religiös«, sagte Elsbeth, »wir müssen jeden Sonntag gehen, und ich kriege einen Krampf in meinem Hinterteil.« Sie betrachtete Anna eindringlich. »Ich dachte, Juden hätten krumme Nasen, aber deine Nase ist ganz normal. Hat dein Bruder eine krumme Nase?«
»Nein«, sagte Anna, »der einzige Mensch in unserem Haus mit einer krummen Nase ist unser Mädchen Bertha, und deren Nase ist krumm, weil sie aus der Straßenbahn gestürzt ist und sie sich gebrochen hat.«
Elsbeth wurde ärgerlich. »Aber dann«, sagte sie, »wenn du wie alle anderen aussiehst und nicht in eine besondere Kirche gehst, wie kannst du dann wissen, daß du wirklich jüdisch bist? Wie kannst du sicher sein?«
Es entstand eine Pause.
»Ich vermute . . .«, sagte Anna, »ich vermute, weil mein Vater und meine Mutter Juden sind, und wahrscheinlich waren ihre Mütter und Väter es auch. Ich habe nie darüber nachgedacht, bis mein Vater vorige Woche anfing, davon zu sprechen.«
»Also, ich finde es blöd!« sagte Elsbeth. »Das mit Adolf Hitler ist blöd, und daß Leute Juden sind und alles!« Sie fing an zu laufen, und Anna lief hinter ihr her.
Sie hielten nicht eher an, bis sie den Schreibwarenladen erreicht hatten. Jemand sprach mit dem Mann hinter der Theke, und Annas Mut sank, als sie Fräulein Lambeck erkannte, die in ihrer Nähe wohnte. Das Fräulein machte ein Gesicht wie ein Schaf und sagte: »Schreckliche Zeiten! Schreckliche Zeiten!« Jedesmal, wenn sie sagte »Schreckliche Zeiten«, schüttelte sie den Kopf, und ihre Ohrringe wackelten.
Der Ladeninhaber sagte: »1931 war schlimm genug, 1932 war schlimmer, aber lassen Sie sich's gesagt sein, 1933 wird am schlimmsten!« Dann bemerkte er Anna und Elsbeth und sagte: »Was kann ich für euch tun, Kinder?«

Anna wollte ihm gerade sagen, daß sie Buntstifte kaufen wollte, da hatte Fräulein Lambeck sie entdeckt.
»Das ist die kleine Anna!« rief Fräulein Lambeck. »Wie geht es dir, kleine Anna? Und wie geht es deinem lieben Vater? Ein wunderbarer Mensch! Ich lese jedes Wort, das er schreibt. Ich habe alle seine Bücher, und ich höre ihn immer im Radio. Aber diese Woche hat er nichts in der Zeitung – hoffentlich ist er nicht krank. Vielleicht hält er irgendwo Vorträge. Oh, wir brauchen ihn so in diesen schrecklichen Zeiten!«
Anna wartete, bis Fräulein Lambeck fertig war. Dann sagte sie: »Er hat die Grippe.«
Diese Bemerkung rief wieder ein großes Wehklagen hervor. Man hätte glauben können, Fräulein Lambecks liebste Angehörige lägen im Sterben. Sie schüttelte den Kopf, bis die Ohrringe klirrten. Sie schlug Heilmittel vor. Sie empfahl Ärzte. Sie hörte nicht auf zu reden, bis Anna ihr versprochen hatte, ihrem Vater Fräulein Lambecks beste Wünsche für eine schnelle Besserung zu überbringen. An der Tür drehte sie sich noch einmal um und sagte: »Sag nicht, gute Wünsche von Fräulein Lambeck, kleine Anna – sag nur: von einer Verehrerin!« Dann fegte sie endgültig nach draußen.
Anna kaufte eilig ihre Stifte. Dann standen sie und Elsbeth draußen im kalten Wind vor dem Schreibwarenladen. Hier trennten sich für gewöhnlich ihre Wege, aber Elsbeth zögerte. Sie hatte Anna schon lange etwas fragen wollen, und dies schien ein geeigneter Augenblick.
»Anna«, sagte Elsbeth, »ist es schön, einen berühmten Vater zu haben?«
»Nicht, wenn man jemandem wie Fräulein Lambeck begegnet«, sagte Anna und machte sich nachdenklich auf den Heimweg, während ihr Elsbeth ebenso nachdenklich folgte.
»Nein, aber abgesehen von Fräulein Lambeck?«
»Es ist eigentlich ganz nett. Zum Beispiel, weil Papa zu Hause arbeitet und wir ihn oft sehen. Und manchmal kriegen wir Freikarten fürs Theater. Und einmal wurden wir von einer Zeitung interviewt, und sie fragten uns, was für Bücher wir gern lesen, mein Bruder sagte, Karl May, und am nächsten Tag schickte ihm jemand eine Gesamtausgabe als Geschenk.«

»Ich wünschte, mein Vater wäre auch berühmt«, sagte Elsbeth. »Aber das wird er sicher nie, denn er arbeitet bei der Post, und dafür wird man nicht berühmt.«
»Wenn dein Vater nicht berühmt wird, dann wirst du es vielleicht einmal. Wenn man einen berühmten Vater hat, dann wird man fast nie selber berühmt.«
»Warum nicht?«
»Das weiß ich nicht. Aber man hört fast nie von zwei berühmten Leuten aus einer Familie. Das macht mich manchmal ein bißchen traurig.« Anna seufzte.
Sie standen jetzt vor Annas weißgestrichenem Gartentor. Elsbeth dachte fieberhaft darüber nach, wofür sie vielleicht berühmt werden könnte, als Heimpi, die sie vom Fenster aus gesehen hatte, die Haustür öffnete.
»Du meine Güte«, rief Elsbeth, »ich komme zu spät zum Essen!« – und schon rannte sie die Straße hinunter.
»Du und diese Elsbeth«, schimpfte Heimpi, während Anna ins Haus trat. »Ihr holt mit eurem Geschwätz noch die Affen von den Bäumen!«
Heimpis richtiger Name war Fräulein Heimpel, und sie hatte für Anna und ihren Bruder Max gesorgt, seit diese kleine Kinder waren. Jetzt, da sie größer geworden waren, versorgte sie, wenn die Kinder in der Schule waren, den Haushalt, aber wenn sie nach Hause kamen, mußte sie sie immer noch bemuttern.
»Wir wollen dich mal auspacken«, sagte sie und nahm ihr den Schal ab. »Du siehst aus wie ein Paket, an dem die Kordel sich gelöst hat.«
Während Heimpi Anna aus den Kleidern schälte, hörte diese, daß im Wohnzimmer Klavier gespielt wurde. Mama war also zu Hause.
»Sind deine Füße auch bestimmt nicht feucht?« fragte Heimpi. »Dann geh schnell und wasch dir die Hände. Das Mittagessen ist gleich fertig.«
Anna stieg die mit einem dicken Läufer belegte Treppe hinauf. Die Sonne schien zum Fenster herein, und draußen im Garten konnte sie ein paar letzte Schneeflecken sehen. Von der Küche her stieg der Duft eines gebratenen Huhns herauf. Es war schön, aus der Schule nach Hause zu kommen.

Als sie die Badezimmertür öffnete, hörte sie drinnen eiliges Füßescharren, und gleich darauf fand sie sich ihrem Bruder Max gegenüber, der mit puterrotem Gesicht die Hände auf dem Rücken hielt.

»Was ist los?« fragte sie, noch bevor sie seinen Freund Günther entdeckt hatte, der ebenso verlegen schien.

»Oh, du bist es!« sagte Max, und Günther lachte. »Wir dachten, es wäre ein Erwachsener.«

»Was habt ihr da?« fragte Anna.

»Das ist ein Abzeichen. In der Schule gab es heute eine Rauferei. Nazis gegen Sozis.«

»Was sind Nazis und Sozis?«

»Ich hätte doch gedacht, daß du in deinem Alter das wüßtest«, sagte Max, der gerade zwölf war. »Die Nazis sind die Leute, die bei den Wahlen für Hitler stimmen werden. Wir Sozis sind die Leute, die gegen ihn stimmen werden.«

»Aber ihr beiden dürft doch noch gar nicht wählen«, sagte Anna. »Ihr seid noch viel zu jung.«

»Aber unsere Väter«, sagte Max ärgerlich. »Das ist dasselbe.«

»Jedenfalls werden wir sie schlagen«, sagte Günther. »Du hättest die Nazis laufen sehen sollen! Max und ich haben einen geschnappt und ihm sein Abzeichen abgenommen. Aber ich weiß nicht, was Mama zu meiner Hose sagen wird.« Er blickte traurig auf einen großen Riß in dem verschlissenen Stoff. Günthers Vater war arbeitslos, und sie hatten kein Geld zu Hause für neue Kleider.

»Mach dir keine Sorgen, Heimpi flickt das schon«, sagte Anna. »Kann ich das Abzeichen mal sehen?«

Es war eine kleine rote Emailscheibe mit einem schwarzen Kreuz mit umgebogenen Ecken.

»Das ist ein Hakenkreuz«, sagte Günther, »alle Nazis haben so eins.«

»Was wollt ihr damit machen?«

Max und Günther sahen einander an. »Willst du es haben?« fragte Max.

Günther schüttelte den Kopf. »Ich darf nichts mit den Nazis zu tun haben. Mama hat Angst, sie könnten mir ein Loch in den Kopf schlagen.«

»Die kämpfen nicht fair«, stimmte Max zu. »Sie benutzen Stöcke und Steine und sonst allerhand.« Er drehte das Abzeichen mit steigendem Unbehagen in den Fingern. »Ich will es jedenfalls auch nicht.«

»Schmeiß es ins Klo!« sagte Günther. Das taten sie denn auch. Als sie zum ersten Mal abzogen, wurde es nicht hinuntergespült, aber beim zweiten Mal, als gerade der Gong zum Essen rief, verschwand es zur Zufriedenheit aller.

Als sie nach unten gingen, konnten sie immer noch das Klavier hören, aber während Heimpi ihre Teller füllte, hörte die Musik auf, einen Augenblick später kam Mama herein.

»Hallo Kinder, hallo Günther!« rief sie. »Wie war es in der Schule?«

Jeder fing sofort an, es ihr zu erzählen, und das Zimmer war plötzlich voller Lärm und Gelächter. Sie kannte die Namen aller Lehrer und erinnerte sich immer, was sie ihr erzählt hatten. Als Max und Günther ihr erzählten, daß der Geographielehrer wütend geworden war, sagte sie: »Kein Wunder, wo ihr ihn vorige Woche so geärgert habt!« Und als Anna ihr erzählte, daß ihr Aufsatz in der Klasse vorgelesen worden war, sagte sie: »Das ist wundervoll – denn Fräulein Schmidt liest selten etwas in der Klasse vor, nicht wahr?«

Wenn sie zuhörte, so sah sie den, der gerade sprach, mit äußerster Konzentration an. Wenn sie sprach, so legte sie ihre ganze Kraft in das, was sie sagte. Sie schien alles, was sie tat, doppelt so heftig zu tun wie andere Leute; sogar ihre Augen waren von einem strahlenderen Blau, als Anna es je gesehen hatte.

Sie fingen gerade mit dem Nachtisch an, es gab heute Apfelstrudel, als das Mädchen Bertha hereinkam, um Mama zu sagen, es sei jemand am Telefon, und ob sie Papa stören solle.

»Was für eine Zeit für einen Anruf«, rief Mama und stieß ihren Stuhl so heftig zurück, daß Heimpi danach greifen mußte, damit er nicht umfiel. »Und daß keiner von euch wagt, meinen Apfelstrudel aufzuessen!« Und sie stürzte nach draußen.

Es kam ihnen sehr still vor, nachdem sie gegangen war, obwohl Anna ihre Schritte hören konnte, die zum Telefon eilten und ein wenig später noch schneller zu Papas Zimmer hinauf. In die Stille hinein fragte Anna: »Wie geht es Papa?«

»Besser«, sagte Heimpi. »Die Temperatur ist ein bißchen gefallen.«
Anna aß zufrieden ihren Nachtisch auf. Max und Günther ließen sich dreimal nachgeben, aber Mama war noch immer nicht zurück. Es war seltsam, denn sie mochte Apfelstrudel besonders gern.
Bertha kam, um abzuräumen, und Heimpi nahm die Jungen mit, um nach Günthers Hose zu sehen. »Es hat keinen Zweck, sie zu flicken«, sagte sie, »sie würde wieder platzen, sobald du Luft holst. Aber ich habe noch eine, aus der Max herausgewachsen ist, die wird dir gerade passen.«
Anna blieb im Eßzimmer zurück und wußte nicht, was sie tun sollte. Zuerst half sie Bertha. Sie schoben die benutzten Teller durch die Durchreiche in die Küche. Dann fegten sie mit einer kleinen Bürste und einer Schaufel die Krümel vom Tisch. Als sie dann das Tischtuch falteten, erinnerte sie sich an Fräulein Lambeck und ihre Botschaft. Sie wartete, bis Bertha das Tischtuch fest in den Händen hatte und lief dann zu Papas Zimmer hinauf. Sie konnte Papa und Mama drinnen sprechen hören.
»Papa«, sagte Anna, während sie die Tür öffnete, »ich habe Fräulein Lambeck getroffen . . .«
»Nicht jetzt! Nicht jetzt!« rief Mama. »Wir haben was zu besprechen.«
Sie saß auf Papas Bettkante. Papa war mit Kissen im Rücken gestützt und sah blaß aus. Sie runzelten beide die Stirn.
»Aber Papa, sie hat mich gebeten, dir zu bestellen . . .«
Mama wurde ganz böse.
»Um Himmels willen, Anna«, rief sie, »wir wollen jetzt nichts davon hören! Geh weg!«
»Komm nachher zurück«, sagte Papa etwas sanfter. Anna machte die Tür zu. So war das also. Nicht, daß sie Lust gehabt hätte, Fräulein Lambecks blöde Nachricht zu überbringen. Aber sie ärgerte sich doch.
Es war niemand im Kinderzimmer. Sie konnte draußen Stimmen hören. Max und Günther spielten also wahrscheinlich im Garten. Aber sie hatte keine Lust, zu ihnen zu gehen. Ihr Ranzen hing über der Stuhllehne. Sie packte ihre neuen Farbstifte aus und holte sie alle aus der Schachtel. Darunter war ein schö-

nes Rosa und ein ganz schönes Orange, aber am schönsten waren die Blaus. Es waren drei verschiedene Töne, alle schön kräftig, und auch ein Violett. Plötzlich kam Anna eine Idee.
Sie hatte in der letzten Zeit ein paar Gedichte gemacht und sie auch illustriert, und sie waren zu Hause und auch in der Schule sehr bewundert worden. Eins hatte von einer Feuersbrunst gehandelt, eins von einem Erdbeben und eins von einem Mann, der unter schrecklichen Qualen starb, nachdem er von einem Landstreicher verflucht worden war. Sollte sie es einmal mit einem Schiffbruch versuchen? Allerlei Wörter reimten sich auf »See«, und man konnte »Welle« und »helle« reimen, und für die Illustration konnte sie die drei neuen blauen Stifte benutzen. Sie holte sich ein Blatt Papier und fing an.
Bald war sie so in ihre Arbeit versunken, daß sie nicht bemerkte, wie die frühe winterliche Dämmerung sich im Zimmer verbreitete, und sie fuhr hoch, als Heimpi hereinkam und das Licht anknipste.
»Ich habe Plätzchen gebacken«, sagte Heimpi. »Willst du mir helfen, sie zu glasieren?«
»Kann ich das hier zuerst Papa zeigen?« fragte Anna, während sie das letzte Stückchen blauer See ausmalte. Heimpi nickte.
Diesmal klopfte Anna an und wartete, bis Papa »herein« rief. Sein Zimmer sah geheimnisvoll aus, denn nur die Bettlampe brannte, und Papa und sein Bett waren eine erleuchtete Insel mitten in den Schatten. Nur undeutlich konnte sie seinen Schreibtisch mit der Schreibmaschine erkennen und den Stapel Papier, der wie gewöhnlich vom Tisch auf den Boden überquoll. Weil Papa oft noch spät in der Nacht schrieb und Mama nicht stören wollte, stand sein Bett in seinem Arbeitszimmer.
Papa sah nicht aus, als ginge es ihm besser. Er saß da und tat überhaupt nichts, sondern starrte nur mit einem angespannten Ausdruck in seinem schmalen Gesicht vor sich hin. Aber als er Anna sah, lächelte er. Sie zeigte ihm das Gedicht, und er las es zweimal durch und sagte, es sei sehr gut, und er bewunderte auch die Illustration. Dann erzählte ihm Anna von Fräulein Lambeck, und sie lachten beide. Er sah jetzt wieder mehr wie sonst aus, darum sagte Anna: »Papa, gefällt dir das Gedicht auch wirklich?«

Papa sagte ja.
»Meinst du nicht, es sollte fröhlicher sein?«
»Nun«, sagte Papa, »ein Schiffbruch ist ja wirklich nichts Fröhliches.«
»Meine Lehrerin, Fräulein Schmidt, meint, ich sollte über fröhlichere Sachen schreiben, zum Beispiel über den Frühling und über Blumen.«
»Und möchtest du denn über den Frühling und über Blumen schreiben?«
»Nein«, sagte Anna traurig. »Im Augenblick scheine ich nur über Unglücksfälle schreiben zu können.«
Papa lächelte ein wenig schief und sagte, da wäre sie wohl ganz im Einklang mit der Zeit.
»Meinst du denn«, fragte Anna eifrig, »daß es richtig ist, über Unglücksfälle zu schreiben?« Papa wurde sofort ernst.
»Natürlich«, sagte er. »Wenn du über Unglück schreiben willst, mußt du es auch tun. Es hat keinen Zweck, das zu schreiben, was andere Leute hören wollen. Man kann nur dann gut schreiben, wenn man versucht, es sich selbst recht zu machen.«
Anna war von dem, was Papa sagte, so ermutigt, daß sie ihn gerade fragen wollte, ob er wohl glaubte, sie könne eines Tages berühmt werden, aber das Telefon an Papas Bett klingelte laut. Als Papa den Hörer aufnahm, war der gespannte Ausdruck wieder in seinem Gesicht, und Anna fand es seltsam, daß sogar seine Stimme verändert klang. Sie hörte ihn sagen: »Ja . . . ja . . .« Auch von Prag war die Rede. Dann verlor sie das Interesse. Aber das Gespräch war bald vorüber.
»Lauf jetzt lieber«, sagte Papa. Er streckte die Arme aus, als wollte er sie an sich drücken. Aber dann ließ er sie wieder sinken.
»Ich will dich lieber nicht anstecken«, sagte er.
Anna half Heimpi, die Plätzchen mit einem Zuckerguß zu versehen – und dann aßen sie und Max und Günther sie – alle außer dreien, die Heimpi in eine Papiertüte steckte, damit Günther sie seiner Mutter mit nach Hause nehmen konnte. Sie hatte noch andere Kleidungsstücke gefunden, aus denen Max herausgewachsen war, so daß ein ganz schönes Paket zusam-

mengekommen war, das er nachher mit nach Hause nehmen sollte.
Für den Rest des Abends spielten sie zusammen. Max und Anna hatten zu Weihnachten eine Sammlung von Spielen bekommen. Sie hatten immer noch Freude daran, damit zu spielen. Die Sammlung enthielt ein Mühlespiel, Schach, Ludo, Domino, ein Dame- und sechs verschiedene Kartenspiele, alles zusammen in einer wunderschönen Schachtel. Wenn man eines Spiels überdrüssig war, konnte man immer ein anderes spielen. Heimpi saß bei ihnen im Kinderzimmer und stopfte Strümpfe und spielte auch einmal Ludo mit. Nur zu bald war es Zeit, zu Bett zu gehen.

Am nächsten Morgen lief Anna in Papas Zimmer, um ihn zu besuchen. Der Schreibtisch war aufgeräumt. Das Bett war ordentlich gemacht. Papa war fort.

2

Annas erster Gedanke war so schrecklich, daß ihr Atem stockte. Papa war in der Nacht kränker geworden. Man hatte ihn ins Krankenhaus gebracht. Vielleicht . . . Sie rannte blindlings aus dem Zimmer und Heimpi direkt in die Arme.
»Es ist alles in Ordnung«, sagte Heimpi. »Es ist alles in Ordnung! Dein Vater hat eine Reise angetreten.«
»Eine Reise?« Anna konnte es nicht glauben. »Aber er ist doch krank – er hat Fieber . . .«
»Er hat sich trotzdem entschlossen, zu verreisen«, sagte Heimpi bestimmt. »Deine Mutter wollte es dir alles erklären, wenn du aus der Schule kommst. Ich glaube, jetzt hörst du es besser gleich, und Fräulein Schmidt kann die Daumen drehen und auf dich warten.«
»Was ist denn los? Gehen wir nicht zur Schule?« Max erschien mit hoffnungsvollem Gesicht auf der Treppe.
Dann kam Mama aus ihrem Zimmer. Sie war noch im Morgenrock und sah müde aus.

»Es gibt überhaupt keinen Grund zur Aufregung«, sagte sie. »Aber ich muß euch einiges sagen. Heimpi, können wir noch etwas Kaffee haben? Und ich glaube, die Kinder könnten auch noch ein bißchen frühstücken.«

Als sie erst einmal bei Kaffee und Brötchen in Heimpis Küche saßen, fühlte Anna sich schon viel besser, und sie war sogar imstande, sich darüber zu freuen, daß sie jetzt die Geographiestunde verpassen würde, die ihr besonders verhaßt war.

»Die Sache ist ganz einfach«, sagte Mama. »Papa glaubt, daß Hitler und die Nazis die Wahlen gewinnen könnten. Wenn das geschieht, möchte er nicht mehr in Deutschland leben, solange sie an der Macht sind, und keiner von uns möchte das.«

»Weil wir Juden sind?« fragte Anna.

»Nicht nur, weil wir Juden sind. Papa glaubt, daß dann niemand mehr sagen darf, was er denkt, und er könnte dann nicht mehr schreiben. Die Nazis wollen keine Leute, die anderer Meinung sind als sie.« Mama nahm einen Schluck Kaffee und sah gleich etwas heiterer aus. »Natürlich kann es sein, daß es nicht so kommt, und wenn es so kommt, wird es wahrscheinlich nicht lange dauern – vielleicht sechs Monate oder so. Aber im Augenblick wissen wir es einfach nicht.«

»Aber warum ist Papa so plötzlich weggefahren?«

»Weil ihn gestern jemand angerufen und ihn gewarnt hat, daß man ihm vielleicht den Paß wegnehmen würde. Darum habe ich ihm einen kleinen Koffer gepackt, und er hat den Nachtzug nach Prag genommen – das ist der kürzeste Weg aus Deutschland hinaus.«

»Wer könnte ihm denn seinen Paß wegnehmen?«

»Die Polizei. In der Polizei gibt es ziemlich viele Nazis.«

»Und wer hat ihn angerufen und ihn gewarnt?«

Mama lächelte zum ersten Mal.

»Auch ein Polizist. Einer, den Papa nie getroffen hat; einer der seine Bücher gelesen hat, und dem sie gefallen haben.«

Anna und Max brauchten einige Zeit, um all das zu verdauen.

»Nun«, sagte Mama, »bis zu den Wahlen sind nur noch zehn Tage. Entweder die Nazis verlieren, dann kommt Papa zurück – oder sie gewinnen, dann fahren wir zu ihm.«

»Nach Prag?« fragte Max.

»Nein, wahrscheinlich in die Schweiz. Dort spricht man Deutsch. Papa könnte dort schreiben. Wir würden wahrscheinlich ein Haus mieten und dort bleiben, bis alles vorbei ist.«
»Auch Heimpi?« fragte Anna.
»Auch Heimpi.«
Es klang ganz aufregend. Anna fing an, es sich vorzustellen – ein Haus in den Bergen . . . Ziegen . . . oder waren es Kühe? . . .
Da sagte Mama: »Und dann noch eins.« Ihre Stimme klang jetzt sehr ernst.
»Dies ist das allerwichtigste«, sagte Mama, »und wir brauchen dabei eure Hilfe. Papa möchte nicht, daß irgend jemand erfährt, daß er Deutschland verlassen hat. Ihr dürft es also niemandem verraten. Wenn euch jemand nach ihm fragt, müßt ihr sagen, daß er noch mit Grippe im Bett liegt.«
»Darf ich es nicht einmal Günther sagen?« fragte Max.
»Nein, weder Günther noch Elsbeth noch sonst jemandem.«
»Also gut«, sagte Max. »Aber es wird nicht leicht sein. Die Leute fragen immer nach ihm.«
»Warum dürfen wir es denn niemandem sagen?« fragte Anna. »Warum will Papa nicht, daß es jemand weiß?«
»Sieh mal«, sagte Mama. »Ich habe euch alles erklärt, so gut ich konnte. Aber ihr seid beide noch Kinder. Papa glaubt, die Nazis könnten . . . könnten uns Schwierigkeiten machen, wenn sie wissen, daß er weg ist. Darum will er nicht, daß ihr darüber redet. Also, werdet ihr tun, um was er euch bittet, oder nicht?« Anna sagte, natürlich würde sie es tun.
Dann schickte Heimpi die beiden zur Schule. Anna machte sich Sorgen darüber, was sie sagen sollte, falls sie jemand fragte, warum sie zu spät kam, aber Max meinte: »Sag einfach, Mama hätte verschlafen – das hat sie doch auch.«
Aber es interessierte sich niemand sehr dafür. Die Klasse war in der Turnhalle und übte Hochsprung, und Anna sprang höher als alle anderen. Sie war so froh darüber, daß sie für den Rest des Morgens beinahe vergaß, daß Papa in Prag war.
Als es Zeit war, nach Hause zu gehen, fiel ihr alles wieder ein, und sie hoffte nur, daß Elsbeth keine unbequemen Fragen stellen würde – aber Elsbeth hatte wichtigere Dinge im Kopf. Ihre

Tante wollte mit ihr am Nachmittag in die Stadt gehen und ihr ein Jojo kaufen. Was für eins sollte sie sich wünschen, was riet ihr Anna?
Und welche Farbe? Die hölzernen taten es, im ganzen gesehen, am besten, aber Elsbeth hatte ein leuchtend orangefarbenes Jojo gesehen. Es war zwar aus Blech, aber die Farbe hatte es ihr angetan. Anna sollte nur ja oder nein sagen.
Als Anna zum Mittagessen nach Hause kam, nahm dort alles seinen gewohnten Gang. Am Morgen hatte sie erwartet, es werde alles anders sein.
Weder Anna noch Max hatten Aufgaben auf, und es war zu kalt, um hinauszugehen. Sie setzten sich darum am Nachmittag auf den Heizkörper im Kinderzimmer und schauten aus dem Fenster. Der Wind rappelte an den Fensterläden und jagte die Wolken in großen Fetzen über den Himmel.
»Vielleicht schneit es wieder«, sagte Max.
»Max«, fragte Anna, »möchtest du gern in die Schweiz gehen?«
»Ich weiß nicht«, sagte Max. Er würde so vieles vermissen. Günther . . . die Bande, mit der er Fußball spielte . . . die Schule . . . Er sagte: »Ich vermute, wir würden in der Schweiz auch zur Schule gehen.«
»O ja«, sagte Anna. »Ich glaube, es würde Spaß machen.« Sie schämte sich beinahe, es zuzugeben, aber je länger sie darüber nachdachte, desto lieber wollte sie hin. In einem unbekannten Land zu sein, wo alles anders war – in einem anderen Haus zu wohnen, in eine andere Schule mit anderen Kindern zu gehen – sie wünschte sich, das alles kennenzulernen, und obgleich sie wußte, daß es herzlos war, lächelte sie.
»Es wäre ja auch nur für sechs Monate«, sagte sie entschuldigend, »und wir wären alle beisammen.«
Der folgende Tag verlief normal. Mama bekam einen Brief von Papa. Er war gut in einem Hotel in Prag untergebracht, und es ging ihm viel besser. Dies machte allen das Herz leichter.
Ein paar Leute fragten nach Papa, waren aber ganz zufrieden, als die Kinder sagten, er habe die Grippe. Die Grippe war so verbreitet, daß sich niemand wunderte. Das Wetter blieb kalt, und die Pfützen, die beim Tauwetter entstanden waren, froren

wieder fest zu – aber es schneite immer noch nicht.
Am Samstagnachmittag endlich wurde der Himmel dunkel, und plötzlich begann es in dichten, treibenden, wirbelnden weißen Flocken zu schneien. Anna und Max spielten mit den Kindern der Kentners, die ihnen gegenüber wohnten. Sie hielten inne, um den Schnee fallen zu sehen.
»Wenn es nur etwas früher angefangen hätte«, sagte Max, »ehe der Schnee hoch genug liegt zum Rodeln, ist es dunkel.«
Als Anna und Max um fünf Uhr nach Hause gingen, hatte es eben aufgehört zu schneien. Peter und Marianne Kentner brachten sie zur Tür. Der Schnee bedeckte die Straße mit einer dichten, trockenen knirschenden Decke, und der Mond schien darauf.
»Wir könnten doch beim Mondlicht rodeln«, sagte Peter.
»Glaubst du, das würde man uns erlauben?«
»Wir haben es schon früher getan«, sagte Peter, der vierzehn war. »Geht und fragt eure Mutter.«
Mama sagte, sie könnten mitgehen, müßten aber zusammenbleiben und um sieben wieder zu Hause sein. Sie zogen ihre wärmsten Sachen an und machten sich auf den Weg.
Der Grunewald lag nur eine Viertelstunde weit entfernt, und dort bildete ein bewaldeter Abhang eine ideale Schlittenbahn hinunter auf einen zugefrorenen See. Sie hatten hier schon oft gerodelt, aber da war es immer hell gewesen, und man hatte die Rufe der anderen Kinder gehört. Jetzt war nur das Singen des Windes in den Bäumen zu vernehmen, das Knirschen des frischen Schnees unter ihren Füßen und das sanfte Schwirren der Schlitten, die sie hinter sich herzogen. Über ihnen war der Himmel dunkel, aber der Boden glänzte bläulich im Mondlicht, und die Schatten der Bäume lagen wie schwarze Bänder darauf.
Am oberen Rande des Abhangs blieben sie stehen und blickten nach unten. Niemand war vor ihnen hier gewesen. Der schimmernde Schneepfad erstreckte sich unberührt und vollkommen weiß bis ans Seeufer hinunter.
»Wer fährt zuerst?« fragte Max.
Anna hatte gar nicht die Absicht gehabt, aber jetzt tanzte sie auf und ab und rief: »O bitte, bitte, laßt mich!«

Peter sagte: »Also gut – die Jüngste zuerst.«
Damit war sie gemeint, denn Marianne war zehn.
Sie setzte sich auf ihren Schlitten, zog das Steuerseil fest an, tat einen tiefen Atemzug und stieß ab. Der Schlitten setzte sich ziemlich langsam in Bewegung.
»Los«, schrien die Jungen hinter ihr her. »Stoß dich noch mal ab.«
Aber sie tat es nicht. Sie behielt die Füße auf den Kufen und ließ den Schlitten sich langsam beschleunigen. Der pulvrige Schnee stäubte um sie herum in die Höhe. Die Bäume glitten vorüber, zuerst langsam, dann immer schneller. Das Mondlicht tanzte um sie herum. Schließlich war es, als flöge sie durch eine silbrige Masse. Dann stieß der Schlitten gegen die Schwelle am Fuß des Abhangs, schoß darüber hinweg und landete auf dem Eis des Sees. Es war herrlich.
Die anderen kamen kreischend und schreiend hinter ihr her. Sie kamen mit dem Kopf voran, mit dem Bauch auf dem Schlitten liegend, so daß der Schnee ihnen direkt ins Gesicht stäubte. Dann fuhren sie, auf dem Rücken liegend, die Füße nach vorn ausgestreckt, und die schwarzen Wipfel der Tannen schienen nach hinten wegzufliegen. Dann drängten sich alle auf einem Schlitten zusammen und kamen dadurch so in Fahrt, daß der Schlitten beinahe bis in die Mitte des Sees schoß. Nach jeder Fahrt stapften sie mühsam keuchend den Abhang wieder hinauf und zogen die Schlitten hinter sich her. Trotz der Kälte schwitzten sie in ihren Wollsachen.
Dann fing es wieder an zu schneien. Zuerst bemerkten sie es kaum, aber dann erhob sich ein Wind, der ihnen die Flocken ins Gesicht blies. Plötzlich blieb Max mitten auf dem Abhang, den sie gerade wieder mit dem Schlitten hinaufstiegen, stehen und sagte: »Wie spät ist es? Sollten wir nicht zurückgehen?«
Niemand hatte eine Uhr, und sie merkten plötzlich, daß sie keine Ahnung hatten, wie lange sie schon hier waren. Vielleicht war es schon sehr spät, und die Eltern warteten zu Hause.
»Kommt«, sagte Peter, »wir wollen uns sofort auf den Weg machen.« Er zog die Handschuhe aus und schlug sie gegeneinander, um den verkrusteten Schnee abzuschütteln. Seine Hände waren rot vor Kälte. Auch Annas Hände waren rot, und

sie merkte erst jetzt, daß sie eiskalte Füße hatte.
Auf dem Rückweg war es kalt. Der Wind blies ihnen durch die feuchten Kleider, und da der Mond jetzt hinter Wolken verborgen war, lag der Pfad schwarz vor ihnen. Anna war froh, als sie aus den Bäumen traten und wieder auf der Straße waren. Bald kamen Straßenlaternen, Häuser mit erleuchteten Fenstern, Läden. Sie waren beinahe zu Hause.
Das erleuchtete Zifferblatt einer Kirchturmuhr zeigte ihnen die Zeit. Es war doch noch nicht ganz sieben. Sie seufzten erleichtert auf und gingen jetzt langsamer. Max und Peter fingen an, über Fußball zu sprechen. Marianne band zwei Schlitten aneinander, hüpfte wild auf der leeren Fahrbahn vor ihnen her und hinterließ im Schnee ein Netzwerk sich überschneidender Spuren. Anna humpelte hinterher, weil ihr die kalten Füße weh taten.
Sie konnte sehen, wie die Jungen vor ihrem Haus stehen blieben; sie redeten immer noch und warteten auf sie, und sie hatte sie fast eingeholt, als sie ein Gartentor knarren hörte. Jemand bewegte sich auf dem Gehsteig neben ihr, und plötzlich wurde eine Gestalt sichtbar. Einen Augenblick war Anna sehr erschrocken, aber dann erkannte sie, daß es nur Fräulein Lambeck in einer kurzen Pelzjacke war. Sie trug einen Brief in der Hand.
»Kleine Anna«, rief Fräulein Lambeck. »Daß ich dir hier im Dunkeln begegne! Ich wollte nur zum Briefkasten gehen und hätte gar nicht erwartet, einen verwandten Geist zu treffen. Und wie geht es deinem lieben Papa?«
»Er hat die Grippe«, sagte Anna automatisch.
Fräulein Lambeck blieb stehen.
»Er hat immer noch Grippe, kleine Anna? Du hast mir schon vor einer Woche gesagt, daß er Grippe hat.«
»Ja«, sagte Anna.
»Er liegt immer noch zu Bett? Hat immer noch Fieber?«
»Ja«, sagte Anna.
»Oh, der arme Mann!« Fräulein Lambeck legte ihre Hand auf Annas Schultern. »Wird auch alles für ihn getan? Kommt der Arzt zu ihm?«
»Ja«, sagte Anna.

»Und was sagt der Arzt?«
»Er sagt . . . ich weiß es nicht«, antwortete Anna.
Fräulein Lambeck beugte sich vertraulich vor und sah Anna ins Gesicht. »Sag mir, kleine Anna«, sagte sie, »wie hoch ist die Temperatur deines lieben Vaters?«
»Ich weiß es nicht«, schrie Anna, und die Worte klangen gar nicht so, wie sie es eigentlich beabsichtigt hatte. Es war eher eine Art von Quieken. »Verzeihen Sie, aber ich muß jetzt nach Hause!« – und sie rannte so schnell sie konnte auf Max und die geöffnete Haustür zu.
»Was ist los?« fragte Heimpi in der Diele. »Hat dich jemand aus 'ner Kanone geschossen?«
Anna konnte Mama durch die halboffene Tür des Wohnzimmers sehen. »Mama«, rief sie, »ich hasse es, alle wegen Papa anzulügen. Es ist schrecklich. Warum müssen wir es denn tun? Ich wünschte, das wäre nicht nötig.«
Dann sah sie, daß Mama nicht allein war. Onkel Julius (der nicht wirklich ihr Onkel, sondern ein alter Freund von Papa war) saß in einem Sessel auf der anderen Seite des Zimmers.
»Beruhige dich«, sagte Mama in scharfem Ton. »Wir alle hassen es, wegen Papa zu lügen, aber im Augenblick bleibt keine andere Wahl. Ich würde es nicht von dir verlangen, wenn es nicht notwendig wäre.«
»Fräulein Lambeck hat sie sich geschnappt«, sagte Max, der hinter Anna eingetreten war. »Du kennst doch Fräulein Lambeck? Sie ist gräßlich. Man kann ihre Fragen nicht beantworten, auch wenn man die Wahrheit sagen darf.«
»Arme Anna«, sagte Onkel Julius mit seiner hellen Stimme. Er war ein sanfter, kleiner und zarter Mann, den sie alle sehr gern hatten. »Euer Vater bittet mich, euch zu sagen, wie sehr er euch beide vermißt, und er läßt euch tausendmal grüßen.«
»Du hast ihn also gesehen?« fragte Anna.
»Onkel Julius kommt gerade von Prag zurück«, sagte Mama. »Papa geht es gut, und er will, daß wir ihn am Sonntag in Zürich in der Schweiz treffen.«
»Am Sonntag?« sagte Max. »Aber das ist ja schon in einer Woche. Das ist der Tag der Wahlen. Ich dachte, wir würden abwarten, wer gewinnt?«

»Dein Vater hat beschlossen, daß wir nicht abwarten sollen.« Onkel Julius lächelte Mama an. »Ich glaube, er nimmt das alles zu ernst.«
»Warum?« fragte Max. »Was befürchtet er denn?«
Mama seufzte. »Seit Papa davon gehört hat, daß man ihm seinen Paß wegnehmen wollte, hat er Angst, man könnte uns auch unsere Pässe nehmen, und dann können wir nicht mehr aus Deutschland hinaus.«
»Aber warum sollten sie das tun?« fragte Max. »Wenn die Nazis uns nicht mögen, dann sind sie doch bestimmt froh, uns loszuwerden.«
»Genau«, sagte Onkel Julius. Er lächelte wieder Mama zu. »Dein Mann ist ein wunderbarer Mensch mit einer wunderbaren Einbildungskraft, aber – offen gesagt – ich glaube, in dieser Sache hat er den Kopf verloren. Aber wie auch immer – ihr werdet in der Schweiz herrliche Ferien verbringen, und wenn ihr in ein paar Wochen zurückkommt, gehen wir alle zusammen in den Zoo.« Onkel Julius war Zoologe und ging ständig in den Zoo.
»Laßt mich wissen, wenn ich euch mit irgend etwas behilflich sein kann. Natürlich sehen wir uns noch.« Er küßte Mama die Hand und ging.
»Sollen wir wirklich am Sonntag fahren?« fragte Anna.
»Am Samstag«, sagte Mama. »Es ist eine lange Reise in die Schweiz. Wir werden unterwegs in Stuttgart übernachten müssen.«
»Dann ist dies unsere letzte Woche in der Schule!« sagte Max. Es schien unfaßbar.

3

Danach ging alles sehr schnell, wie in einem Film, der auf Zeitraffer gestellt ist. Heimpi war den ganzen Tag mit Aussortieren und Packen beschäftigt. Mama war fast immer fort, oder sie telefonierte. Sie mußte sich um die Vermietung des Hauses kümmern; die Möbel sollten, wenn sie abgefahren waren, ein-

gelagert werden. Jeden Tag, wenn die Kinder aus der Schule kamen, sah das Haus leerer aus.
Eines Tages halfen sie Mama gerade, Bücher zu packen, als Onkel Julius vorbeikam. Er betrachtete die leeren Regale und lächelte: »Die werdet ihr alle wieder einräumen!«
In dieser Nacht erwachten die Kinder vom Lärm der Feuerwehrwagen. Es war nicht nur einer oder zwei, sondern mindestens ein Dutzend, die mit lautem Schellengeklingel die Hauptstraße entlangkamen. Als sie aus dem Fenster schauten, war der Himmel über der Innenstadt von Berlin leuchtend orangerot.
Am nächsten Morgen redete jeder von dem Feuer, das den Reichstag zerstört hatte, das Gebäude, in dem das deutsche Parlament zusammentrat. Die Nazis sagten, das Feuer sei von Revolutionären gelegt worden, und die Nazis seien die einzigen, die solche Vorkommnisse verhindern könnten – daher müsse ihnen jeder bei den Wahlen seine Stimme geben. Aber Mama hörte, daß die Nazis selber das Feuer gelegt hätten.
Als Onkel Julius an diesem Nachmittag kam, sagte er zum ersten Mal nichts davon, daß Mama in ein paar Wochen wieder in Berlin sein werde.
Die letzten Tage, die Anna und Max in der Schule verbrachten, waren sehr seltsam. Da sie niemandem von ihrer Abreise erzählen durften, vergaßen sie es während der Schulstunden immer wieder selbst. Anna freute sich, als sie eine Rolle in einem Stück bekam, das in der Schule aufgeführt werden sollte, und es fiel ihr erst später ein, daß sie in Wirklichkeit nie darin auftreten würde. Max nahm die Einladung zu einer Geburtstagsgesellschaft an, an der er nie würde teilnehmen können. Dann kamen sie nach Hause in die immer leereren Zimmer mit den Holzkisten und Koffern, zum endlosen Aussortieren von Besitztümern. Am schwierigsten fiel es ihnen, zu entscheiden, was von den Spielsachen mitgenommen werden sollte. Sie wollten natürlich die Spiele-Sammlung mitnehmen, aber sie war zu groß. Am Ende blieb nur Platz für ein paar Bücher und eines von Annas Stofftieren. Sollte sie sich für das rosa Kaninchen entscheiden, das ihr Spielgefährte gewesen war, solange sie sich erinnern konnte, oder für ein neues wolliges Hünd-

chen? Es war doch schade, den Hund zurückzulassen, da sie noch kaum Zeit gehabt hatte, mit ihm zu spielen, und Heimpi packte ihn ihr ein. Max nahm seinen Fußball mit. Mama sagte, wenn es sich herausstellen sollte, daß sie sehr lange in der Schweiz bleiben müßten, könnte man jederzeit Sachen nachschicken lassen.

Als am Freitag die Schule aus war, ging Anna zu ihrer Lehrerin und sagte ruhig: »Ich komme morgen nicht in die Schule. Wir fahren in die Schweiz.«

Fräulein Schmidt schien gar nicht so überrascht, wie das Anna erwartet hatte, sondern nickte nur und sagte: »Ja . . . ja . . . ich wünsche dir Glück.«

Auch Elsbeth schien nicht sehr interessiert. Sie sagte, sie wünschte, sie könnte auch in die Schweiz fahren, aber das wäre nicht sehr wahrscheinlich, weil ihr Vater bei der Post arbeitete.

Am schwersten war es, sich von Günther zu trennen. Nachdem sie zum letzten Mal zusammen aus der Schule gekommen waren, brachte Max ihn mit zum Mittagessen, obgleich es nur Butterbrote gab, denn Heimpi hatte keine Zeit gehabt, zu kochen. Nachher spielten sie ziemlich lustlos Verstecken zwischen den gepackten Kisten. Es machte keinen Spaß, denn Max und Günther waren so bedrückt, und Anna mußte sich Mühe geben, um ihre Aufregung zu unterdrücken. Sie hatte Günther gern, und es tat ihr leid, ihn zu verlassen. Aber sie konnte immer nur denken: Morgen um diese Zeit sitzen wir schon im Zug . . . am Sonntag um diese Zeit sind wir in der Schweiz . . . und am Montag um diese Zeit . . .?

Schließlich mußte Günther nach Hause. Heimpi hatte während des Packens eine Menge Kleidungsstücke für seine Mutter aussortiert, und Max ging mit ihm, um ihm tragen zu helfen. Als er zurückkam, schien er fröhlicher. Er hatte solche Angst davor gehabt, von Günther Abschied nehmen zu müssen. Nun war wenigstens das vorüber.

Am nächsten Morgen waren Max und Anna fertig, lange bevor es Zeit war, zu gehen. Heimpi sah nach, ob ihre Nägel sauber seien, daß beide ein Taschentuch hatten – Anna bekam zwei, denn sie war etwas erkältet – und daß ihre Socken ordentlich durch Gummibänder hochgehalten wurden.

»Gott weiß, wie ihr allein zurechtkommen wollt«, brummte sie.
»Aber in vierzehn Tagen sind wir doch wieder zusammen«, sagte Anna.
»In vierzehn Tagen kann sich ganz schön Dreck auf einem Hals festsetzen«, sagte Heimpi düster.
Dann gab es bis zur Ankunft des Taxis nichts mehr zu tun.
»Wir wollen noch einmal durch das Haus gehen«, sagte Max.
Sie fingen ganz oben an und gingen von dort nach unten. Alles sah ganz verändert aus. Alle kleineren Gegenstände waren verpackt worden; Teppiche waren aufgerollt, und überall standen Kisten, Zeitungspapier lag herum. Sie gingen von einem Raum in den andern und riefen: »Auf Wiedersehn, Papas Schlafzimmer . . . auf Wiedersehn, Flur . . . auf Wiedersehn, Treppe . . .«
»Werdet mir nicht zu aufgeregt«, sagte Mama, als sie an ihr vorbeikamen.
»Auf Wiedersehn, Diele . . . auf Wiedersehn, Wohnzimmer . . .« Sie kamen zum Ende, da rief Max: »Auf Wiedersehn, Klavier . . . auf Wiedersehn, Sofa«, und Anna fiel ein mit: »Auf Wiedersehn, Vorhänge . . . auf Wiedersehn, Eßtisch . . . auf Wiedersehn, Durchreiche . . .!«
Gerade als sie rief: »Auf Wiedersehn, Durchreiche!« öffneten sich die beiden kleinen Klappen, und Heimpi streckte von der Küchenseite her den Kopf hindurch. Plötzlich zog sich Annas Magen zusammen. Genau das hatte Heimpi manchmal getan, um Anna zu amüsieren, als sie noch klein war. Sie hatten ein Spiel gespielt, das »durch die Durchreiche gucken« hieß, und Anna hatte es geliebt. Wie konnte sie einfach so weggehen? Wider Willen füllten sich ihre Augen mit Tränen, und sie rief etwas ganz Unvernünftiges: »O Heimpi, ich will nicht von dir und der Durchreiche weggehen!«
»Ich kann ja wohl schlecht die Durchreiche in meinen Koffer packen«, sagte Heimpi und kam ins Eßzimmer.
»Kommst du auch bestimmt in die Schweiz?«
»Ich wüßte nicht, was ich sonst tun sollte«, sagte Heimpi.
»Deine Mama hat mir den Fahrschein gegeben, und ich habe ihn in meinem Portemonnaie.«

»Heimpi«, sagte Max, »wenn du plötzlich feststellst, daß du noch sehr viel Platz in deinem Koffer hast – nur für den Fall, versteht sich – glaubst du, daß du dann die Spielesammlung mitbringen könntest?«
»Wenn . . . wenn . . . wenn . . .«, sagte Heimpi. »Wenn meine Großmutter Räder hätte, wäre sie ein Omnibus.« Das war das, was sie immer sagte.
Dann läutete die Türklingel. Das Taxi war da, und es blieb keine Zeit mehr. Anna umarmte Heimpi. Mama sagte: »Vergessen Sie nicht, daß am Montag die Männer wegen des Klaviers kommen«, und dann umarmte auch sie Heimpi. Max konnte seine Handschuhe nicht finden und hatte sie dann doch in der Tasche. Bertha weinte, und der Mann, der sich um den Garten kümmerte, war plötzlich da und wünschte ihnen gute Reise.
Gerade als das Taxi abfahren wollte, kam eine kleine Gestalt angerannt, die etwas in der Hand trug. Es war Günther. Er drückte Max durchs Fenster ein Paket in die Hand und sagte etwas von seiner Mama, das man nicht verstehen konnte, weil das Taxi gerade anfuhr. Max schrie: »Auf Wiedersehn«, und Günther winkte. Dann fuhr das Taxi die Straße hinauf. Anna konnte noch das Haus sehen und Heimpi und Günther, die winkten . . . sie konnte immer noch ein Stückchen vom Haus sehen . . . am Ende der Straße fuhren sie an den Kentnerschen Kindern vorbei, die zur Schule gingen. Sie sprachen miteinander und blickten nicht auf. Sie konnte immer noch ein Eckchen vom Haus durch die Bäume hindurch sehen . . . dann fuhr das Taxi um die Ecke, und jetzt war das Haus endgültig verschwunden.

Es war seltsam, mit Mama und ohne Heimpi in einem Zug zu sitzen. Anna war ein wenig besorgt, daß ihr schlecht werden könnte. Als sie klein war, war ihr im Zug immer übel geworden, und selbst jetzt, da sich das ausgewachsen hatte, nahm Heimpi immer für alle Fälle eine Papiertüte mit. Hatte Mama eine Papiertüte?
Der Zug war sehr besetzt, und Anna und Max waren froh, daß sie Fensterplätze hatten. Sie blickten beide in die graue Land-

schaft hinaus, die vorüberflog, bis es zu regnen begann. Dann beobachteten sie die Regentropfen, die gegen die Scheibe klatschten und dann langsam nach unten sickerten, aber auch das wurde nach einiger Zeit langweilig. Was nun? Anna betrachtete Mama aus dem Augenwinkel. Heimpi hatte in solchen Fällen immer ein paar Äpfel oder Süßigkeiten bei sich. Mama hatte sich in ihrem Sitz zurückgelehnt. Sie hatte die Mundwinkel heruntergezogen und starrte auf die Glatze des Herrn, der ihr gegenüber saß. Auf dem Schoß hielt sie die große Handtasche, auf der ein Kamel abgebildet war, und die sie von einer Reise mit Papa mitgebracht hatte. Sie hielt die Tasche sehr fest. Anna vermutete, weil die Fahrkarten und die Pässe darin waren. Sie hielt sie so fest, daß einer ihrer Finger sich tief in das Gesicht des Kamels hineinbohrte.
»Mama«, sagte Anna, »du zerquetschst das Kamel.«
»Was?« fragte Mama. Dann merkte sie, was Anna meinte, und lockerte ihren Griff. Das Gesicht des Kamels wurde frei, und zu Annas Erleichterung sah es genauso dumm und hoffnungsvoll aus wie sonst.
»Langweilst du dich?« fragte Mama. »Wir fahren durch ganz Deutschland hindurch. So eine lange Reise habt ihr noch nie gemacht. Hoffentlich hört der Regen bald auf, damit ihr draußen alles sehen könnt.«
Dann erzählte sie ihnen von den Obstgärten in Süddeutschland – Obstgärten über Kilometer hin. »Wenn wir nur diese Reise später im Jahr hätten machen können«, sagte sie, »dann hättet ihr sie blühen sehen.«
»Vielleicht sind wenigstens ein paar Blüten schon raus«, sagte Anna.
Aber Mama meinte, es sei noch zu früh, und der kahle Mann stimmte ihr zu. Dann sagten sie, wie schön es wäre, und Anna wünschte, sie könnte es sehen.
»Wenn die Blüten jetzt noch nicht heraus sind«, sagte sie, »können wir sie denn ein andermal sehen?«
Mama antwortete nicht sofort. Dann sagte sie: »Ich hoffe es.«
Der Regen ließ nicht nach, und sie verbrachten eine lange Zeit mit Ratespielen, in denen, wie sich herausstellte, Mama sehr gut war. Obgleich sie vom Land nicht viel sehen konnten, be-

merkten sie doch eine Veränderung in den Stimmen der Menschen, jedesmal wenn der Zug hielt. Manche waren kaum zu verstehen, und Max kam auf die Idee, unnötige Fragen zu stellen, zum Beispiel: »Ist das Leipzig?« oder »Wie spät ist es?«, nur um die Antwort in dem fremden Akzent zu hören.
Sie aßen im Speisewagen zu Mittag. Es war großartig, mit einer Speisekarte, von der man wählen konnte, und Anna aß Würstchen mit Kartoffelsalat, das war ihr Lieblingsgericht. Ihr war überhaupt nicht übel.
Später am Nachmittag ging sie mit Max durch den ganzen Zug von einem Ende zum andern. Dann blieben sie im Gang stehen. Es regnete immer heftiger, und die Dämmerung kam sehr früh. Selbst wenn die Obstgärten in Blüte gestanden hätten, hätten sie es nicht sehen können. Annas Kopf schmerzte, und die Nase begann zu laufen, als wollte sie mit dem Regen draußen Schritt halten. Sie rückte sich auf ihrem Platz zurecht und wünschte, sie wären in Stuttgart.
»Warum siehst du dir Günthers Buch nicht an?« sagte Mama.
In Günthers Paket waren zwei Geschenke gewesen. Das eine, das Günther für Max bestimmt hatte, war ein Geschicklichkeitsspiel – eine kleine durchsichtige Dose, auf deren Boden sich das Bild eines Drachen mit offenem Rachen befand. Man mußte drei winzige Bällchen in das offene Maul bugsieren. Das war in einem fahrenden Zug sehr schwierig.
Das andere war ein Buch für beide Kinder von Günthers Mutter. Es hieß: »Sie wurden berühmt«, und sie hatte hineingeschrieben: »Vielen Dank für all die schönen Sachen – etwas zum Lesen für die Reise.« Das Buch beschrieb die Jugend verschiedener Menschen, die berühmt geworden waren, und Anna, die sich für dieses Thema interessierte, hatte es zuerst eifrig durchgeblättert. Aber es war so langweilig geschrieben, der Ton war so belehrend, daß sie allmählich die Lust verlor. All den berühmten Leuten war es schlecht ergangen. Der eine hatte einen Vater, der trank. Ein anderer stotterte. Noch ein anderer mußte Hunderte von schmutzigen Flaschen waschen. Sie hatten alle eine schwere Kindheit gehabt. Offenbar mußte man eine schwere Kindheit haben, wenn man berühmt werden wollte.

Sie döste in ihrer Ecke und wischte sich die Nase mit ihren zwei durchnäßten Taschentüchern und wünschte, daß sie bald nach Stuttgart kämen, und daß sie eines Tages doch noch berühmt würde. Und während der Zug in der Dunkelheit durch Deutschland ratterte, ging es ihr immer wieder durch den Kopf: »Schwere Kindheit . . . schwere Kindheit . . . schwere Kindheit . . . schwere Kindheit . . .«

4

Plötzlich fühlte Anna, daß sie sanft geschüttelt wurde. Sie mußte eingeschlafen sein. Mama sagte: »Also, in ein paar Minuten sind wir in Stuttgart.«
Anna zog verschlafen den Mantel an, und bald saßen sie und Max vor dem Eingang des Stuttgarter Bahnhofs auf den Koffern, während Mama nach einem Taxi suchte. Es regnete immer noch in Strömen, der Regen trommelte auf das Bahnhofsdach und fiel wie ein durchsichtiger Vorhang zwischen ihnen und dem dunklen Platz vor ihnen. Es war kalt. Schließlich kam Mama zurück. »Was für eine Stadt!« rief sie. »Hier ist ein Streik ausgebrochen, und es verkehren keine Taxis. Aber seht ihr das blaue Zeichen dort drüben?«
Auf der anderen Seite des Bahnhofsvorplatzes flimmerte es blau durch die Nässe. »Das ist ein Hotel«, sagte Mama. »Wir nehmen nur mit, was wir für die Nacht brauchen und laufen durch den Regen, so schnell wir können.«
Das große Gepäck wurde aufgegeben, dann kämpften sie sich über den Bahnhofsplatz hinüber. Anna trug einen Koffer, der ihr dauernd gegen die Beine schlug, und der Regen fiel so dicht, daß sie kaum etwas sah. Einmal trat sie in eine tiefe Pfütze und machte sich die Füße ganz naß. Aber schließlich waren sie doch im Trockenen. Mama bestellte Zimmer, und dann aßen sie und Max etwas. Anna war zu müde. Sie ging sofort zu Bett und schlief gleich ein.
Als sie am Morgen aufstanden, war es noch dunkel.
»Bald werden wir Papa sehen«, sagte Anna, als sie im spärlich

beleuchteten Speisesaal frühstückten. Es war noch niemand auf, und der Kellner mit den verschlafenen Augen schien ihnen die altbackenen Brötchen und den Kaffee, den er vor sie hinknallte, zu mißgönnen. Mama wartete, bis er wieder in die Küche gegangen war. Dann sagte sie: »Bevor wir nach Zürich kommen und Papa treffen, müssen wir die Grenze zwischen Deutschland und der Schweiz überqueren.«
»Müssen wir aus dem Zug aussteigen?« fragte Max.
»Nein«, sagte Mama. »Wir bleiben in unserem Abteil, und dann kommt ein Mann und sieht sich unsere Pässe an. Genau wie ein Fahrkartenkontrolleur. Aber« – und sie blickte jedem der Kinder in die Augen – »das ist sehr wichtig: Wenn der Mann kommt, um unsere Pässe anzusehen, dann will ich, daß keiner von euch ein Wort sagt. Versteht ihr? Nicht ein Wort.«
»Warum nicht?« fragte Anna.
»Weil der Mann sonst sagen könnte: Was für ein schrecklich schwatzhaftes Mädchen, ich nehme ihr lieber den Paß ab«, sagte Max, der immer schlechtgelaunt war, wenn er nicht genug geschlafen hatte.
»Mama«, rief Anna flehend, »das würde er doch nicht tun – ich meine, unsere Pässe wegnehmen?«
»Nein . . . nein, vermutlich nicht«, sagte Mama. »Aber für alle Fälle – Papas Name ist recht bekannt – und wir wollen in keiner Weise die Aufmerksamkeit auf uns lenken. Wenn der Mann also kommt – kein Wort. Denkt daran – nicht ein einziges, winziges Wort!«
Anna versprach, daran zu denken.
Es hatte endlich aufgehört zu regnen, und es war ganz leicht, den Platz vor dem Bahnhof zu überqueren. Der Himmel fing gerade an, hell zu werden, und nun konnte Anna die Wahlplakate sehen, die überall angebracht waren. Ein paar Leute standen vor einem Haus, das als Wahllokal gekennzeichnet war, und warteten darauf, daß es geöffnet wurde. Anna fragte sich, für wen sie wohl stimmen würden.
Der Zug war beinahe leer, und sie hatten ein Abteil für sich, bis an der nächsten Station eine Frau mit einem Korb einstieg. Anna konnte in dem Korb etwas rumoren hören – es mußte etwas Lebendiges darin sein. Anna blickte Max an, um herauszu-

finden, ob es ihm auch aufgefallen sei, aber er hatte immer noch schlechte Laune und schaute mit gerunzelter Stirn zum Fenster hinaus. Auch Anna wurde verdrießlich, und es fiel ihr ein, daß ihr der Kopf weh tat und ihre Stiefel immer noch vom gestrigen Regen feucht waren.
»Wann kommen wir zur Grenze?« fragte sie.
»Ich weiß nicht«, sagte Mama. »Es dauert noch eine Weile.«
Anna bemerkte, daß ihre Finger sich wieder in das Gesicht des Kamels eindrückten.
»Vielleicht in einer Stunde? Was meinst du?« fragte Anna.
»Immer mußt du Fragen stellen«, sagte Max, obwohl es ihn gar nichts anging. »Warum kannst du nicht den Mund halten?«
»Warum kannst du's nicht?« sagte Anna. Sie war tief beleidigt und suchte nach etwas, womit sie ihn verletzen könnte. Schließlich platzte sie heraus: »Ich wünschte, ich hätte eine Schwester!«
»Ich wünschte, ich hätte keine«, sagte Max.
»Mama!« wimmerte Anna.
»Oh, um Himmels willen, hört auf!« rief Mama. »Haben wir nicht schon Sorgen genug?« Sie umklammerte die Tasche mit dem Kamel und schaute immer wieder hinein, um zu sehen, ob die Pässe noch da waren.
Anna zappelte mißmutig auf ihrem Sitz herum. Alle Leute waren gräßlich. Die Frau mit dem Korb hatte ein großes Stück Brot mit Schinken herausgezogen und aß es. Lange Zeit sagte keiner ein Wort. Dann begann der Zug langsamer zu fahren.
»Entschuldigen Sie«, fragte Mama, »kommen wir jetzt an die Schweizer Grenze?«
Die Frau mit dem Korb schüttelte kauend den Kopf.
»Da siehst du es«, sagte Anna zu Max, »Mama stellt auch Fragen.«
Max machte sich nicht einmal die Mühe, ihr zu antworten, sondern verdrehte nur die Augen. Anna hätte ihm gern einen Tritt versetzt, aber das hätte Mama bemerkt.
Der Zug hielt und fuhr wieder an, hielt und fuhr wieder an. Jedesmal fragte Mama, ob dies die Grenze sei, und jedesmal schüttelte die Frau mit dem Korb den Kopf. Schließlich, als der Zug wieder einmal langsam fuhr und einige Gebäude in Sicht

waren, sagte die Frau mit dem Korb: »Ich glaube, jetzt kommen wir gleich hin.«
Sie warteten schweigend, während der Zug in der Station hielt. Anna konnte Stimmen hören und wie die Türen anderer Abteile geöffnet und geschlossen wurden. Dann kamen Schritte den Gang entlang, die Tür ihres eigenen Abteils wurde aufgestoßen, und der Paßkontrolleur kam herein. Er trug eine Uniform, die der eines Schaffners glich, und hatte einen großen braunen Schnurrbart.
Er blickte in den Paß der Frau mit dem Korb, nickte, stempelte ihn mit einem kleinen Gummistempel und gab ihn ihr zurück. Dann wandte er sich an Mama. Mama reichte ihm die Pässe und lächelte. Aber die Hand, die jetzt die Tasche hielt, krallte sich wie in einem Krampf in den Kopf des Kamels.
Der Mann prüfte die Pässe. Er schaute Mama an und verglich ihr Gesicht mit dem auf dem Paßfoto, dann musterte er Max und Anna. Er zückte schon seinen Gummistempel. Plötzlich schien ihm etwas einzufallen, und er sah sich die Pässe noch einmal an. Endlich stempelte er sie und gab sie Mama zurück. »Gute Reise«, sagte er, während er die Tür aufschob.
Nichts war geschehen. Max hatte sie ganz umsonst erschreckt. »Da siehst du . . .«, rief Anna, aber Mama warf ihr einen Blick zu, der sie sofort verstummen ließ.
Der Paßkontrolleur schloß die Tür hinter sich.
»Wir sind immer noch in Deutschland«, sagte Mama.
Anna fühlte, wie sie krebsrot wurde. Mama steckte die Pässe in die Tasche zurück. Es herrschte Schweigen. Anna hörte wieder das Kratzen im Korb, die Frau kaute an einem zweiten Schinkenbrot, Türen öffneten und schlossen sich weiter hinten im Zug. Es schien ewig zu dauern.
Dann fuhr der Zug wieder an. Er rollte ein paar hundert Meter weiter und hielt wieder. Wieder wurden Türen geöffnet und geschlossen. Diesmal ging es schneller. Stimmen sagten: »Zoll . . . haben Sie etwas zu deklarieren . . .?« Ein anderer Mann kam ins Abteil. Mama und die Frau sagten beide, sie hätten nichts zu verzollen, und er machte ein Zeichen mit Kreide auf alle Gepäckstücke, auch auf den Korb der Frau. Noch einmal warteten sie, dann ertönte ein Pfiff, und schließlich fuhren

sie wieder. Diesmal erhöhte sich die Geschwindigkeit des Zuges, und schließlich ratterte er gleichmäßig durch die Landschaft.

Nach langer Zeit fragte Anna: »Sind wir jetzt in der Schweiz?«

»Ich glaube ja. Ich bin nicht sicher«, sagte Mama.

Die Frau mit dem Korb hörte auf zu kauen. »O ja«, sagte sie gemütlich, »das ist die Schweiz. Wir sind jetzt in der Schweiz – das ist mein Land.«

Es war herrlich.

»Schweiz«, sagte Anna. »Wir sind wirklich in der Schweiz.«

»Es wurde auch Zeit«, sagte Max und grinste.

Mama stellte die Tasche mit dem Kamel neben sich auf den Sitz und lächelte.

»Also«, sagte sie, »jetzt werden wir bald bei Papa sein.«

Anna kam sich plötzlich ganz komisch und wie beschwipst vor. Sie wollte unbedingt irgend etwas Besonderes und Aufregendes sagen oder tun, es fiel ihr aber nichts ein – so wandte sie sich schließlich an die Schweizerin und fragte: »Entschuldigen Sie – aber was haben Sie da in Ihrem Korb?«

»Das ist mein Büssi«, sagte die Frau mit der weichen Stimme.

Anna fand das Wort schrecklich komisch. Sie verbiß sich das Lachen, schaute zu Max hinüber und sah, daß er sich beinahe vor unterdrücktem Lachen wälzte.

»Was . . . was ist ein Büssi?« fragte Anna, aber die Frau hatte schon den Deckel des Korbes auf einer Seite hochgeschlagen, und bevor sie antworten konnte, ertönte ein helles »Iiii . . .« und der Kopf eines struppigen schwarzen Katers streckte sich aus der Öffnung.

Anna und Max konnten sich nicht mehr halten. Sie schüttelten sich vor Lachen.

»Er hat dir geantwortet«, japste Max. »Du hast gesagt: ›Was ist ein Büssi?‹ und er hat gesagt: . . .«

»Iiich!« kreischte Anna.

»Kinder, Kinder!« sagte Mama, aber es war zwecklos, sie konnten nicht aufhören zu lachen. Sie lachten über alles, was sie sahen, die ganze Fahrt bis nach Zürich. Mama entschuldigte sich bei der Frau, aber die sagte, es störe sie nicht, sie habe nichts gegen gute Laune. Jedesmal, wenn das Gelächter auf-

hörte, brauchte Max nur zu sagen: »Was ist ein Büssi?« und Anna rief: »Iiich!«, und wieder platzten sie los. Sie lachten immer noch, als sie in Zürich auf dem Bahnsteig standen und nach Papa Ausschau hielten.
Anna sah ihn zuerst. Er stand neben einem Kiosk. Sein Gesicht war blaß, und er betrachtete ängstlich und angespannt die Leute, die mit dem Zug angekommen waren.
»Papa«, schrie sie, »Papa!«
Er drehte sich um und sah sie. Und dann fing Papa, der immer so würdig wirkte und nie etwas in Hast tat, plötzlich an zu laufen. Er legte die Arme um Mama und drückte sie an sich. Dann umarmte er Anna und Max. Er drückte sie alle an sich und wollte sie nicht loslassen.
»Ich konnte euch nicht entdecken«, sagte Papa. »Ich hatte Angst . . .«
»Ich weiß«, sagte Mama.

5

Papa hatte im besten Hotel von Zürich Zimmer für sie reserviert. Im Hotel gab es eine Drehtür, dicke Teppiche und überall viel Gold. Da es erst zehn Uhr morgens war, frühstückten sie noch einmal, während sie über alles redeten, was geschehen war, nachdem Papa Berlin verlassen hatte.
Zuerst schien es so, als hätten sie ihm unendlich viel zu erzählen, aber bald fanden sie, daß es schön war, einfach zusammen zu sein, ohne überhaupt etwas zu sagen. Während Anna und Max sich durch zwei verschiedene Arten von Brötchen und vier verschiedene Sorten von Marmelade hindurchaßen, saßen Papa und Mama einfach da und lächelten einander an. Immer wieder fiel ihnen irgend etwas ein. Papa fragte: »Hast du die Bücher mitbringen können?« Oder Mama sagte: »Die Zeitung hat angerufen, sie wollen, wenn möglich, noch in dieser Woche einen Artikel von dir haben.« Aber dann verfielen sie wieder in ihr zufriedenes Lächeln.
Schließlich hatte Max den letzten Tropfen seiner heißen Scho-

kolade ausgetrunken, sich die letzten Brötchenkrümel von den Lippen gewischt und fragte: »Was sollen wir jetzt machen?« Irgendwie hatte niemand daran gedacht.
Nach einer Weile sagte Papa: »Kommt, wir wollen uns Zürich ansehen.«
Sie stiegen zuallererst auf einen Berg. Der Hang war so steil, daß man mit einer Zahnradbahn hinauffahren mußte. Das war eine Art von Aufzug auf Rädern, der in einem beängstigenden Winkel nach oben stieg. Anna war noch nie in einer solchen Bahn gewesen. Sie spürte eine Art Erregung, ab und zu warf sie auch ängstliche Blicke auf das Kabel, um zu schauen, ob es Zeichen von Verschleiß zeige.
Vom Gipfel des Hügels aus konnte man sehen, daß Zürich sich an einem Ende eines riesigen blauen Sees zusammendrängte. Der See war so groß, daß die Stadt im Vergleich dazu klein aussah, und das entfernte Ufer verlor sich zwischen hohen Bergen. Dampfer, die aus dieser Höhe wie Spielzeug aussahen, zogen am Rand des Sees entlang und legten bei jedem der Dörfer an, die am Ufer verstreut waren. Die Sonne schien, und alles sah recht einladend aus.
»Kann jeder mit diesen Dampfern fahren?« fragte Max. Gerade das hatte auch Anna fragen wollen.
»Möchtet ihr gern fahren?« fragte Papa. »Dann sollt ihr es auch – heute nachmittag.«
Das Mittagessen in einem Restaurant mit verglaster Terrasse am Seeufer war prächtig, aber Anna konnte nicht viel essen. Sie hatte ein schwindliges Gefühl im Kopf. Und obwohl ihre Nase nicht mehr lief, spürte sie jetzt ein Kratzen im Hals.
»Ist dir etwas?« fragte Mama ängstlich.
»Nein, alles in Ordnung«, sagte Anna, die an den Schiffsausflug am Nachmittag dachte. Es kam gewiß nur davon, daß sie am Morgen so zeitig hatte aufstehen müssen, sagte sie sich.
Neben dem Restaurant gab es einen Laden, in dem Ansichtskarten verkauft wurden. Sie kaufte eine und schickte sie an Heimpi, während Max eine an Günther adressierte.
»Ich möchte wissen, wie es mit den Wahlen geht«, sagte Mama. »Glaubst du wirklich, daß die Deutschen in der Mehrzahl für Hitler stimmen werden?«

»Ich fürchte ja«, sagte Papa.
»Vielleicht auch nicht«, sagte Max. »Viele der Jungen in meiner Klasse waren gegen ihn. Vielleicht stellt sich morgen heraus, daß fast niemand Hitler gewählt hat, und dann können wir wieder nach Hause fahren, wie Onkel Julius vorausgesagt hat.«
»Möglich«, sagte Papa, aber es war ihm anzusehen, daß er nicht davon überzeugt war.

Die Dampferfahrt am Nachmittag gefiel allen sehr. Anna und Max blieben trotz des kalten Windes auf dem offenen Deck und beobachteten den Verkehr auf dem See. Außer den Dampfern gab es private Motorboote und sogar ein paar Ruderboote. Ihr Dampfer pufferte am Seeufer entlang, von einem Dorf zum andern. Diese Dörfer sahen alle reizend aus mit ihren sauberen Häusern, die sich zwischen Wälder und Berge duckten. Immer wenn der Dampfer in die Nähe eines Landungssteges kam, tutete er laut, damit jeder im Dorf wußte, daß er kam, und jedesmal stiegen eine ganze Menge Leute aus und ein. Nach etwa einer Stunde kreuzte der Dampfer plötzlich quer über den See zu einem Dorf am anderen Ufer und fuhr dann nach Zürich zurück.
Während sie durch den Lärm von Autos und Bussen zum Hotel zurückgingen, fühlte Anna sich sehr müde, und ihr war wieder schwindlig. Sie war froh, wieder im Hotelzimmer zu sein, das sie mit Max teilte. Sie hatte immer noch keinen Hunger, und Mama fand, sie sähe so müde aus, daß sie sie sofort ins Bett steckte. Sobald Anna den Kopf aufs Kissen legte, hatte sie das Gefühl, daß ihr Bett in die Dunkelheit davonsegle. Es machte dabei ein tuckerndes Geräusch, das von einem Boot herkommen konnte, von einem Zug oder aus ihrem eigenen Kopf.

Als Anna am Morgen die Augen aufschlug, kam es ihr so vor, als ob es viel zu hell im Zimmer sei. Sie schloß die Augen wieder und blieb ganz still liegen. Vom andern Ende des Zimmers hörte sie Gemurmel und ein Rascheln, das sie sich nicht erklären konnte. Es mußte schon sehr spät sein, und sicher waren alle schon auf.
Sie machte vorsichtig die Augen wieder auf, und diesmal hob

und senkte sich die Helligkeit und ordnete sich schließlich zu dem Raum, den sie kannte. Max saß immer noch im Schlafanzug in dem andern Bett, und Papa und Mama standen neben ihr. Papa hielt eine Zeitung in der Hand, und von ihr war das raschelnde Geräusch gekommen. Sie sprachen leise miteinander, denn sie dachten, Anna schliefe noch. Dann schwankte der Raum wieder, und es war Anna, als triebe sie davon, während die Stimmen weiterklangen.

Jemand sagte: ». . . Sie haben also die Mehrheit . . .« Dann verstummte die Stimme und eine andere (oder war es dieselbe Stimme?) sagte: ». . . Genug Stimmen, um zu tun, was er will . . .« Schließlich hörte sie unverkennbar Max in ganz unglücklichem Ton erklären: »Wir gehen also nicht nach Deutschland zurück . . . wir gehen also nicht nach Deutschland zurück . . . wir gehen also nicht nach Deutschland zurück . . .« Hatte er es wirklich dreimal gesagt? Anna öffnete mit großer Anstrengung die Augen und rief »Mama«. Sofort löste sich eine Gestalt von der Gruppe und kam auf sie zu, und plötzlich war Mamas Gesicht ganz nah über ihrem. Anna sagte noch einmal »Mama!«, und dann weinte sie plötzlich, weil ihr der Hals so weh tat.

Dann nahm sie alles nur noch undeutlich wahr. Mama und Papa standen neben ihrem Bett und betrachteten ein Thermometer. Papa hatte einen Mantel an. Er mußte eigens ausgegangen sein, um ein Thermometer zu kaufen. Irgend jemand sagte: »Fast vierzig Grad«, aber es konnte nicht ihre Temperatur sein, von der sie redeten, denn sie erinnerte sich nicht, daß man sie bei ihr gemessen hatte.

Als sie das nächste Mal die Augen aufmachte, stand da ein Mann mit einem Bärtchen und sah sie an. Er sagte: »Nun, mein Fräulein«, und lächelte, und während er lächelte, hoben sich seine Füße vom Boden, und er flog oben auf den Schrank, wo er sich in einen Vogel verwandelte, der »Influenza« krächzte, bis Mama ihn aus dem Fenster hinausscheuchte.

Dann war es plötzlich Nacht, und sie bat Max, ihr etwas Wasser zu holen, aber Max war nicht da. In dem anderen Bett lag Mama. Anna fragte: »Warum schläfst du in Maxens Bett?« Mama sagte: »Weil du krank bist«, und Anna war sehr froh,

denn wenn sie krank war, so bedeutete das, daß Heimpi kommen würde, um sie zu pflegen. Sie bat: »Sag Heimpi . . .«, aber dann war sie zu müde, um sich daran zu erinnern, was sie noch hatte sagen wollen, und als sie dann wieder die Augen aufmachte, war der Mann mit dem Bärtchen wieder da, und sie mochte ihn nicht, weil er Mama aufregte, indem er immer wieder murmelte: »Komplikationen.« Er hatte irgend etwas mit Annas Hals gemacht, denn der war geschwollen und tat weh, und jetzt befühlte er ihn mit der Hand. Sie sagte scharf: »Lassen Sie das!« Aber er kümmerte sich nicht darum und versuchte, ihr etwas Gräßliches einzuflößen. Sie wollte ihn wegstoßen, aber dann sah sie, daß es gar nicht der Mann mit dem Bart war, sondern Mama, und ihre blauen Augen blickten so wild und entschlossen, daß es sinnlos schien, sich zu wehren.
Danach wurde alles ein wenig klarer. Sie fing an zu verstehen, daß sie eine Zeitlang krank gewesen war und immer noch hohes Fieber hatte, und daß sie sich so schlecht fühlte, weil alle Drüsen in ihrem Hals geschwollen und empfindlich waren.
»Wir müssen das Fieber herunterbekommen«, sagte der Doktor mit dem Bart.
Die Mama sagte: »Ich werde dir einen Umschlag um den Hals machen, dann wird es besser.«
Anna sah Dampf aus einem Becken aufsteigen.
»Es ist zu heiß!« schrie sie. »Ich will es nicht.«
»Ich werde ihn nicht zu heiß auflegen«, sagte Mama.
»Ich will nicht!« kreischte Anna. »Und überhaupt, du kannst das nicht. Wo ist Heimpi? Heimpi würde keinen heißen Dampf auf meinen Hals tun.«
»Unsinn!« sagte Mama, und plötzlich drückte sie eine dampfende Wattekompresse auf ihren eigenen Hals. »Da«, sagte sie, »wenn es für mich nicht zu heiß ist, wirst du es wohl auch aushalten können«, – und sie preßte die Kompresse fest auf Annas Hals und wickelte einen Verband darum
Es war schrecklich heiß, aber nicht unerträglich.
»Siehst du, es ist nicht so schlimm«, sagte Mama.
Anna war viel zu wütend, um zu antworten. Das Zimmer begann sich wieder zu drehen, aber während sie in Schlaf verfiel, hörte sie noch Mamas Stimme: »Ich werde das Fieber herun-

terkriegen, und wenn ich dabei umkomme!«
Sie mußte gedöst oder geträumt haben, denn plötzlich war ihr Hals wieder kühl, und Mama nahm den Wickel ab.
»Und wie geht es dir jetzt, fettes Schweinchen?« sagte Mama.
»Fettes Schweinchen?« fragte Anna schwach.
Mama tupfte ganz leise auf eine von Annas geschwollenen Drüsen.
»Hier sitzt das fette Schweinchen«, sagte sie, »das ist das schlimmste von allen. Das andere ist nicht ganz so schlimm. Es heißt mageres Schweinchen. Und dies hier nennen wir rosa Schweinchen und dies kleines Schweinchen, und das . . . wie sollen wir das nennen?«
»Fräulein Lambeck«, sagte Anna und fing an zu lachen. Sie war so schwach, daß das Lachen eher wie ein Gackern klang, aber Mama schien es trotzdem zu freuen.
Mama machte weiter die heißen Umschläge, und es ließ sich aushalten, weil sie dabei immer Späße über das fette Schweinchen und das magere Schweinchen und Fräulein Lambeck machte; aber obwohl der Hals sich besserte, hatte Anna immer noch ziemlich hohes Fieber. Sie wachte morgens auf und schien gesund, aber gegen Mittag wurde es ihr schwindlig, und am Abend verschwamm alles vor ihren Augen, und es war ihr ganz wirr. Sie hatte die seltsamsten Vorstellungen. Sie hatte Angst vor der Tapete und konnte es nicht ertragen, allein zu sein. Einmal, als Mama nach unten gegangen war, um zu Abend zu essen, kam es ihr so vor, als würde das Zimmer immer kleiner, und sie fing an zu schreien, denn sie glaubte, sie werde dabei zerdrückt. Danach aß Mama von einem Tablett in Annas Zimmer. Der Arzt sagte: »So kann es nicht mehr lange weitergehen.«
Eines Nachmittags lag Anna da und starrte auf die Vorhänge. Mama hatte sie gerade zugezogen, denn es wurde dunkel, und Anna versuchte zu erkennen, was für Figuren die Falten bildeten. Am Abend zuvor hatten sie wie ein Vogel Strauß ausgesehen. Als Annas Fieber stieg, hatte sie den Strauß immer deutlicher erkennen können, und schließlich hatte sie ihn sogar im Zimmer herumspazieren lassen. Diesmal würde es vielleicht ein Elefant sein. Plötzlich merkte sie, daß in der anderen Ecke

geflüstert wurde. Sie wandte den Kopf. Es kostete sie Mühe. Papa saß neben Mama, und beide betrachteten einen Brief. Sie verstand nicht, was Mama sagte, konnte aber am Klang ihrer Stimme erkennen, daß sie erregt und bestürzt war. Dann faltete Papa den Brief zusammen und legte seine Hand auf Mamas Hand. Anna glaubte, er werde jetzt bald gehen, aber er blieb sitzen und hielt Mamas Hand. Anna betrachtete die beiden eine Weile, bis sie zu müde wurde und ihr die Augen zufielen. Das Flüstern war noch leiser geworden. Irgendwie klang es sehr beruhigend, und Anna schlief bald darüber ein.

Als sie erwachte, kam es ihr so vor, als ob sie sehr lange geschlafen habe. Noch etwas anderes war ungewohnt, aber sie konnte sich nicht darüber klar werden, was es war. Das Zimmer war dämmrig. Nur am Tisch, wo Mama gewöhnlich saß, brannte Licht, und Anna glaubte, ihre Mutter hätte vergessen, es auszuknipsen, als sie zu Bett ging. Aber Mama war nicht zu Bett gegangen. Sie saß immer noch neben Papa, genauso wie sie dagesessen hatte, bevor Anna einschlief. Papa hatte immer noch seine Hand auf Mamas Hand liegen, und in der anderen Hand hielt er den zusammengefalteten Briefbogen.

»Hallo, Mama, hallo, Papa«, rief Anna. »Mir ist so komisch.«

Mama und Papa kamen sofort an ihr Bett, und Mama legte ihr die Hand auf die Stirn. Dann steckte sie Anna das Thermometer in den Mund. Als sie es herausnahm, schien sie das, was sie sah, nicht glauben zu können. »Kein Fieber mehr!« sagte sie. »Zum erstenmal seit vier Wochen kein Fieber mehr!«

»Das ist wichtiger als alles andere«, sagte Papa und knüllte den Brief zusammen.

Von da an wurde es Anna rasch besser. Das fette Schweinchen, das magere Schweinchen, Fräulein Lambeck und alle anderen schrumpften allmählich, und ihr Hals tat nicht mehr weh. Anna fing wieder an zu essen und zu lesen. Max kam und spielte Karten mit ihr, wenn er nicht gerade mit Papa weggegangen war, und bald durfte sie ein Weilchen aufstehen und in einem Sessel sitzen. Mama mußte ihr bei den paar Schritten durchs Zimmer helfen, aber sie war sehr glücklich, in der warmen Sonne am Fenster sitzen zu können.

Draußen war der Himmel blau, und Anna sah, daß die Leute

auf der Straße keine Mäntel trugen. Auf dem gegenüberliegenden Bürgersteig verkaufte eine Frau an einem Stand Tulpen, und der Kastanienbaum an der Ecke stand schon in vollem Laub. Es war Frühling. Sie war überrascht, wie sich alles während ihrer Krankheit verändert hatte. Die Leute auf der Straße schienen das Frühlingswetter zu genießen, und ein paar kauften Blumen an dem Stand. Die Frau, die die Tulpen verkaufte, war rund und dunkelhaarig und sah ein bißchen Heimpi ähnlich.

Plötzlich fiel Anna etwas ein. Heimpi hatte zwei Wochen nach ihrer Abreise aus Deutschland zu ihnen kommen sollen. Jetzt war schon mehr als ein Monat vergangen. Warum war sie nicht hier? Anna nahm sich vor, Mama zu fragen, aber Max kam als erster herein, also erkundigte sie sich bei ihm.

Ihr Bruder machte ein erschrockenes Gesicht. »Willst du wieder ins Bett zurück?« fragte er.

»Nein«, sagte Anna entschieden.

»Also«, sagte Max, »ich weiß nicht, ob ich es dir sagen darf, aber während du krank warst, ist allerhand geschehen.«

»Was?« fragte Anna.

»Du weißt, daß Hitler die Wahl gewonnen hat«, sagte Max. »Nun, er hat sehr bald darauf die Regierung übernommen, und es ist genauso gekommen, wie Papa erwartet hat – niemand darf ein Wort gegen Hitler sagen. Wer sich nicht daran hält, wird ins Gefängnis geworfen.«

»Hat Heimpi etwas gegen Hitler gesagt?« fragte Anna. Sie sah Heimpi schon im Gefängnis.

»Nein, natürlich nicht«, sagte Max. »Aber Papa. Er tut es immer noch. Und natürlich darf niemand in Deutschland das, was er schreibt, drucken. Also verdient Papa kein Geld, und wir können es uns nicht mehr leisten, Heimpi ihren Lohn zu zahlen.«

»Ich verstehe«, sagte Anna. Und nach einer Pause fügte sie hinzu: »Wir sind also arm?«

»Ich glaube, ein bißchen«, sagte Max. »Nun will Papa versuchen, statt dessen in Schweizer Zeitungen zu schreiben – dann könnte es besser werden.« Er stand auf und wollte gehen. Anna sagte schnell: »Ich denke, Heimpi macht sich gar nichts aus

Geld. Wenn wir ein kleines Haus hätten, würde sie bestimmt gern kommen und für uns sorgen, selbst wenn wir ihr nicht viel bezahlen könnten.«

»Ich denke auch, aber da ist noch etwas anderes«, sagte Max. Er zögerte, fügte dann aber hinzu: »Es hätte keinen Zweck, ein Haus zu mieten, denn wir haben keine Möbel.«

»Aber . . .«, sagte Anna.

»Die Nazis haben alles geklaut«, erklärte ihr Max. »Man nennt das ›Konfiszierung des Eigentums‹. Papa hat vorige Woche einen Brief bekommen.« Er mußte lachen. »Es war beinahe wie in einem dieser unmöglichen Theaterstücke, wo dauernd Leute mit schlechten Nachrichten auf die Bühne gestürzt kommen. Und dazu warst du noch drauf und dran, ins Gras zu beißen . . .«

»Ich wollte gar nicht ins Gras beißen!« sagte Anna empört.

»Nein, natürlich nicht«, sagte Max, »aber dieser Schweizer Doktor hat eine düstere Fantasie. Willst du jetzt wieder ins Bett?«

»Ich glaube, ja«, sagte Anna. Sie fühlte sich ziemlich schwach, und Max half ihr quer durchs Zimmer. Als sie wieder sicher im Bett lag, sagte sie: »Max, diese . . . diese ›Konfiszierung des Eigentums‹, oder wie man es nennt – haben die Nazis alles mitgenommen? Auch unsere Sachen?«

Max nickte.

Anna versuchte, es sich vorzustellen. Das Klavier war weg . . . die Vorhänge im Eßzimmer mit dem Blumenmuster . . . ihr Bett . . . alle Spielsachen, auch das rosa Kaninchen. Es hatte schwarze, aufgestickte Augen – die Glasaugen waren schon vor Jahren ausgefallen –, und es sackte so reizend zusammen, wenn man es auf die Pfoten stellte. Das Fell war, obgleich nur noch verwaschen rosa, so weich und vertraut gewesen. Warum hatte sie nur statt ihres lieben rosa Kaninchens diesen blöden Wollhund mitgenommen? Das war ein arger Fehler gewesen, und sie würde ihn nie wieder gutmachen können.

»Ich wußte immer, daß wir die Spiele-Sammlung hätten mitnehmen sollen«, sagte Max. »Hitler spielt wahrscheinlich im Augenblick Dame damit!«

»Und hat mein rosa Kaninchen lieb!« sagte Anna und lachte.

Aber gleichzeitig liefen ihr Tränen über die Wangen.
»Na, wir haben Glück, daß wir überhaupt hier sind«, sagte Max.
»Wie meinst du das?« fragte Anna.
Max vermied es, sie anzusehen und schaute zum Fenster hinaus. »Papa hat es von Heimpi erfahren«, sagte er mit gespieltem Gleichmut, »am Morgen nach den Wahlen kamen die Nazis in unser Haus. Sie wollten uns die Pässe abnehmen.«

6

Sobald Anna kräftig genug war, zogen sie aus dem teuren Hotel aus. Papa und Max hatten ein Gasthaus in einem der Dörfer am See gefunden. Es hieß Gasthof Zwirn nach dem Eigentümer Herrn Zwirn und lag ganz nahe an der Landebrücke; es gab einen gepflasterten Hof und einen Garten, der sich zum See hinunter erstreckte. Die Leute kamen meistens zum Essen und Trinken hierher, aber Herr Zwirn hatte auch ein paar Zimmer zu vermieten, und diese waren recht billig. Mama und Papa teilten sich ein Zimmer und Max und Anna ein anderes, so wurde es noch billiger.
Unten gab es einen großen behaglichen Speisesaal, der mit Hirschgeweihen und Edelweißsträußchen dekoriert war. Aber als das Wetter milder wurde, tauchten Tische und Stühle im Garten auf, und die Wirtin servierte die Mahlzeiten unter den Kastanien am Ufer. Anna gefiel es bei Zwirns.
An den Wochenenden kamen die Musikanten aus dem Dorf und spielten manchmal bis spät in die Nacht. Man konnte der Musik lauschen und durch das Laub hindurch das Glitzern des Wassers und die vorbeigleitenden Dampfer beobachten. Wenn es dunkel wurde, drehte Herr Zwirn an einem Schalter, und in den Bäumen gingen kleine Lämpchen an, so daß man sehen konnte, was man aß. Auch auf den Dampfern entzündete man bunte Laternen, damit die Fahrzeuge einander erkennen konnten. Manche dieser Lichter waren gelb, aber die schönsten waren von einem tiefen, leuchtenden Blau-violett. Immer wenn

Anna eins dieser magischen blauen Lichter gegen den dunkelblauen Himmel und dessen mattere Spiegelung im dunklen See sah, war es ihr, als habe sie ein kleines Geschenk erhalten.
Die Zwirns hatten drei Kinder, die barfuß herumliefen, und als Annas Beine sich nicht mehr wie Watte anfühlten, gingen Max und sie mit ihnen und erkundeten die Umgebung.
Da gab es Wälder und Bäche und Wasserfälle, Straßen, die von Apfelbäumen gesäumt waren, und überall wilde Blumen. Manchmal kam auch Mama mit ihnen, weil sie nicht gern allein im Gasthaus bleiben wollte. Papa fuhr fast jeden Tag nach Zürich, um mit den Herausgebern der Schweizer Zeitungen zu verhandeln.
Zwirns Kinder sprachen wie alle Einwohner des Dorfes Dialekt, und Anna und Max konnten sie zu Anfang nur schwer verstehen. Aber sie lernten es bald, und Franz, der älteste, zeigte Max, wie man fischt – nur fing Max nie etwas. Franzens Schwester Vreneli lehrte Anna, wie man am Zürichsee Kästchen hopsen spielt.
In dieser freundlichen Umgebung kam Anna bald wieder zu Kräften, und eines Tages verkündete Mama, daß es jetzt Zeit für die beiden sei, wieder zur Schule zu gehen. Max würde die höhere Knabenschule in Zürich besuchen. Er würde mit dem Zug fahren. Max wäre zwar lieber mit dem Schiff gefahren, aber mit der Eisenbahn ging es schneller. Anna sollte mit den Zwirn-Kindern in die Dorfschule gehen, und da sie und Vreneli ungefähr gleichaltrig waren, würden sie in dieselbe Klasse kommen.
»Du wirst meine beste Freundin sein«, sagte Vreneli. Sie hatte sehr lange, sehr dünne mausfarbene Zöpfe und machte stets ein etwas besorgtes Gesicht. Anna war nicht ganz sicher, ob sie Vrenelis beste Freundin werden wollte, hielt es aber für undankbar, das auszusprechen.
Am Montagmorgen machten sie sich alle zusammen auf den Weg. Vreneli ging barfuß und trug ihre Schuhe in der Hand. Als sie sich der Schule näherten, trafen sie andere Kinder, von denen die meisten auch die Schuhe in der Hand trugen. Vreneli stellte Anna einigen der Mädchen vor, die Jungen blieben auf der anderen Straßenseite und starrten wortlos herüber. Bald

nachdem sie den Schulhof erreicht hatten, läutete der Lehrer eine Glocke, und es entstand ein verrücktes Getümmel, weil jeder schnell seine Schuhe anzog. Es war Vorschrift, daß man in der Klasse Schuhe anhaben mußte, aber die meisten Kinder ließen sie bis zum letzten Augenblick aus.

Annas Lehrer hieß Graupe. Er war ziemlich alt und hatte einen graugelben Bart, und alle hatten Angst vor ihm. Er wies Anna einen Platz neben einem fröhlichen blondhaarigen Mädchen namens Rösli an, und als Anna durch den Mittelgang zwischen den Bänken auf ihren Platz ging, hielten alle den Atem an.
»Was ist los?« flüsterte Anna, sobald Herr Graupe den Rücken gedreht hatte.
»Du bist durch den Mittelgang gegangen«, flüsterte Rösli zurück. »Nur die Jungen gehen durch den Mittelgang.«
»Wo gehen dann die Mädchen?«
»An den Seiten vorbei.«
Anna kam das seltsam vor, aber Herr Graupe hatte begonnen, Zahlen mit Kreide an die Tafel zu schreiben, es blieb also keine Zeit, weiter darüber zu reden. Die Aufgaben waren leicht, und Anna war schnell damit fertig. Dann blickte sie sich in der Klasse um.
Die Mädchen saßen in zwei Reihen auf der einen Seite, die Jungen auf der anderen. Es war ganz anders als in der Schule in Berlin, wo sie durcheinander gesessen hatten. Als Herr Graupe befahl, die Hefte sollten ihm nach vorn gebracht werden, stand Vreneli auf und sammelte die Hefte der Mädchen ein, und ein großer rothaariger Junge sammelte die der Jungen ein. Der rothaarige Junge ging durch den Mittelgang, Vreneli ging an der Seite vorbei, bis sie sich, jeder mit seinem Stoß Hefte, vor Herrn Graupes Pult trafen. Selbst dort vermieden sie es sorgfältig, sich anzusehen, aber Anna bemerkte, daß Vreneli unter ihrem mausfarbenen Haar hellrosa angelaufen war.
In der Pause jagten die Jungen einem Fußball nach und balgten sich auf der einen Seite des Hofes herum, während die Mädchen auf der anderen Seite Hüpfen spielten oder still dasaßen und plauderten. Aber obgleich die Mädchen so taten, als nähmen sie keine Notiz von den Jungen, beobachteten sie sie doch

ausgiebig unter verschämt gesenkten Lidern, und als Vreneli und Anna zum Mittagessen nach Hause gingen, interessierte sich Vreneli so sehr für die Albereien des rothaarigen Jungen auf der anderen Straßenseite, daß sie beinahe gegen einen Baum geprallt wäre. Am Nachmittag hatten sie noch eine Gesangstunde, und dann war die Schule für den Tag beendet.

»Wie hat es dir gefallen?« fragte Mama, als Anna um drei Uhr wieder zu Hause war.

»Ach, ganz gut«, sagte Anna. »Nur eines ist komisch: Die Jungen und Mädchen sprechen nicht miteinander, und ich weiß auch nicht, ob ich da viel lernen kann.«

Als Herr Graupe die Aufgaben nachgesehen hatte, hatte er mehrere Fehler gemacht, und auch in der Rechtschreibung schien er nicht allzu sicher zu sein.

»Nun, das ist nicht so wichtig«, sagte Mama. »Es wird dir ganz gut tun, wenn du dich nach deiner Krankheit ein wenig ausruhen kannst.«

»Das Singen gefällt mir«, sagte Anna. »Sie können alle jodeln, und sie wollen es mir beibringen.«

»Um Himmels willen!« sagte Mama und ließ sofort eine Masche fallen.

Mama lernte stricken. Sie hatte es nie zuvor getan. Anna brauchte einen neuen Pullover, und Mama versuchte zu sparen. Sie hatte Wolle und Stricknadeln gekauft, und Frau Zwirn hatte ihr gezeigt, wie man sie benutzt. Aber irgendwie sah es bei Mama nie richtig aus. Während Frau Zwirn dasaß und die Nadeln leicht zwischen den Fingern tanzen ließ, strickte Mama von der Schulter aus. Jedesmal wenn sie die Nadel in die Wolle stieß, kam es einem vor wie ein Angriff. Jedesmal, wenn sie den Faden durchzog, zog sie so fest, daß er beinahe riß. Deshalb wuchs der Pullover auch nur langsam, und das Gestrick sah aus wie ein dicker Tweed.

»Ich habe eine solche Strickerei noch nie gesehen«, sagte Frau Zwirn erstaunt, »aber es wird schön warm sein, wenn es fertig ist.«

Bald nachdem Anna und Max wieder zur Schule gingen, sahen sie eines Sonntagmorgens eine vertraute Gestalt vom Dampfer

steigen und die Landebrücke heraufkommen. Es war Onkel Julius. Er war magerer, als Anna ihn in Erinnerung hatte, und es war wunderbar und doch irgendwie verwirrend, ihn zu sehen. Den Kindern kam es vor, als wäre plötzlich ein Stückchen ihres Berliner Hauses hier am Seeufer aufgetaucht.
»Julius«, rief Papa freudig, als er ihn sah, »was in aller Welt machst du hier?«
Onkel Julius lächelte ein wenig bitter und sagte: »Nun, offiziell bin ich gar nicht hier. Weißt du, daß man es heutzutage für sehr unklug hält, dich auch nur zu besuchen?«
Er war auf einem naturwissenschaftlichen Kongreß in Italien gewesen und einen Tag früher abgefahren, um die Familie auf dem Rückweg nach Berlin zu besuchen.
»Ich fühle mich geehrt«, sagte Papa.
»Die Nazis sind wirklich dumm«, sagte Onkel Julius. »Wie könntest du ein Feind Deutschlands sein? Du weißt natürlich, daß sie alle deine Bücher verbrannt haben?«
»Ich war in guter Gesellschaft«, sagte Papa.
»Was für Bücher?« fragte Anna. »Ich dachte, die Nazis hätten alle unsere Sachen weggenommen. Ich wußte nicht, daß sie sie verbrannt haben.«
»Das waren nicht die Bücher, die dein Vater besessen hat«, erklärte Onkel Julius. »Es waren die Bücher, die er geschrieben hat. Die Nazis haben überall im Land große Scheiterhaufen angezündet und alle seine Bücher, die sie finden konnten, hineingeworfen und verbrannt.«
»Zusammen mit den Büchern verschiedener ausgezeichneter Autoren«, sagte Papa, »zum Beispiel denen von Einstein, Freud, H. G. Wells . . .«
Onkel Julius schüttelte den Kopf über soviel Torheit.
»Gott sei Dank hast du meinen Rat nicht befolgt«, sagte er. »Gott sei Dank bist du früh genug gegangen. Aber natürlich«, fügte er hinzu, »kann die Lage in Deutschland nicht lange so bleiben.«
Beim Mittagessen im Garten erzählte er ihnen, was es Neues gab. Heimpi hatte eine Stelle bei einer anderen Familie gefunden. Es war schwierig gewesen, denn wenn die Leute hörten, daß sie bei Papa gearbeitet hatte, wollten sie sie nicht beschäfti-

gen. Das Haus stand noch leer. Bis jetzt hatte es niemand gekauft.
»Wie seltsam«, dachte Anna, daß Onkel Julius jederzeit hingehen und es betrachten kann. Er konnte vom Schreibwarenladen her die Straße hinuntergehen und vor dem weißen Gartentor stehenbleiben. Die Läden waren geschlossen, aber wenn Onkel Julius einen Schlüssel hatte, konnte er durch die Vordertür in die dunkle Diele gehen, über die Treppe hinauf ins Kinderzimmer, oder durch die Diele ins Wohnzimmer oder durch den Flur in Heimpis Küche . . . Anna erinnerte sich deutlich an alles, und in der Fantasie lief sie von unten nach oben durch das ganze Haus, während Onkel Julius weiter mit Mama und Papa redete.
»Wie geht es euch denn?« fragte er. »Kannst du hier schreiben?« Papa hob eine Augenbraue. »Mit dem Schreiben habe ich keine Schwierigkeit«, sagte er, »nur ist es schwer, meine Arbeiten zu veröffentlichen.«
»Unmöglich!« sagte Julius.
»Unglücklicherweise doch«, sagte Papa. »Die Schweizer sind so ängstlich bedacht darauf, ihre Neutralität zu wahren, daß sie von einem eingeschworenen Gegner der Nazis wie mir nichts veröffentlichen wollen.«
Onkel Julius machte ein empörtes Gesicht.
»Und kommt ihr denn zurecht?« fragte er. »Ich meine finanziell?«
»Es geht«, sagte Papa. »Ich muß eben versuchen, die Verleger und Redakteure umzustimmen.«
Dann begannen sie, über gemeinsame Freunde zu reden. Sie schienen eine lange Liste von Namen durchzugehen. Irgendeiner war von den Nazis verhaftet worden. Einer war entkommen und auf dem Weg nach Amerika. Ein anderer hatte einen Kompromiß geschlossen (Anna fragte sich, was das wohl hieß: einen Kompromiß schließen) und hatte einen Artikel geschrieben, in dem er das neue Regime lobte. Die Liste wurde immer länger. »Heutzutage sprechen die Erwachsenen immer über das gleiche«, dachte Anna, während kleine Wellen gegen das Ufer des Sees leckten und die Bienen in den Kastanienbäumen summten.

Am Nachmittag machten sie mit Onkel Julius einen Rundgang. Anna und Max führten ihn in den Wald hinauf. Er entdeckte dort eine besondere Krötenart, die er nie zuvor gesehen hatte. Später unternahmen sie alle in einem gemieteten Boot eine Fahrt auf dem See. Dann aßen sie zusammen zu Abend, und schließlich war es für Onkel Julius Zeit, sich zu verabschieden.

»Ich vermisse unsere Besuche im Zoo«, sagte er, als er Anna küßte.

»Ich auch«, sagte Anna. »Die Affen haben mir immer am besten gefallen.«

»Ich schicke dir ein Bild von ihnen«, versprach Onkel Julius.

Sie gingen zusammen zur Landebrücke.

Während sie auf den Dampfer warteten, sagte Papa plötzlich: »Julius – fahr nicht zurück. Bleib hier bei uns. In Deutschland bist du nicht sicher.«

»Was – ich?« sagte Onkel Julius mit seiner hohen Stimme. »Ich bin für sie uninteressant. Jemand, der sich nur mit Tieren abgibt. Ich bin nicht einmal jüdisch, wenn man meine arme alte Großmutter aus dem Spiel läßt!«

»Julius – du begreifst nicht . . .« sagte Papa.

»Die Situation muß sich ändern«, sagte Onkel Julius, und da kam auch schon der Dampfer angepufft. »Auf Wiedersehn, alter Freund!« Er umarmte Papa und Mama und beide Kinder. Als er schon auf der Gangway stand, dreht er sich noch einmal um. »Übrigens«, sagte er, »die Affen im Zoo würden mich vermissen.«

7

Je länger Anna die Dorfschule besuchte, desto mehr gefiel es ihr dort. Sie freundete sich außer mit Vreneli noch mit anderen Mädchen an, besonders mit Rösli, die in der Klasse neben ihr saß und weniger schüchtern war als die übrigen. Der Unterricht war so leicht, daß sie ohne jede Anstrengung glänzen konnte, und wenn auch Herr Graupe in den herkömmlichen

Fächern kein sehr guter Lehrer war, konnte er immerhin ausgezeichnet jodeln. Was Anna aber am besten gefiel, war, daß sich diese Schule von ihrer früheren in Berlin so völlig unterschied. Max tat ihr leid, weil er in der höheren Schule in Zürich fast das gleiche zu lernen schien wie in Berlin.

Es gab nur eines, was Anna Kummer machte. Sie hätte gern mit Jungen gespielt. In Berlin waren Max und sie während der Schulzeit und am Nachmittag meist mit einer gemischten Gruppe von Jungen und Mädchen zusammen gewesen. Hier begann das endlose Hüpfspiel der Mädchen sie zu langweilen, und manchmal schaute sie in der Pause sehnsüchtig zu den aufregenderen Spielen und Kunststücken der Jungen hinüber.

Eines Tages wurde nicht einmal Hüpfen gespielt. Die Jungen übten Radschlagen, und alle Mädchen saßen sittsam da und beobachteten sie aus den Augenwinkeln. Sogar Rösli, die sich das Knie aufgeschlagen hatte, saß bei den anderen. Vreneli war besonders interessiert, denn der große rothaarige Junge versuchte, Rad zu schlagen. Die andern zeigten ihm, wie man es machen muß, aber er kippte immer wieder seitwärts über.

»Willst du mit mir Hüpfen spielen?« fragte Anna Vreneli, aber die Freundin schüttelte abwesend den Kopf. Es war wirklich zu blöd, denn Anna schlug selber gern Rad – und der rothaarige Junge konnte es überhaupt nicht.

Plötzlich konnte sie es nicht mehr aushalten. Ohne zu überlegen, was sie tat, stand sie von ihrem Platz zwischen den Mädchen auf und ging zu den Jungen hinüber.

»Sieh mal«, sagte sie zu dem rothaarigen Jungen, »du mußt deine Beine strecken, so« – und sie schlug ein Rad, um es ihm zu zeigen. Alle Jungen hörten auf, Rad zu schlagen und traten grinsend zurück. Der rothaarige Junge zögerte.

»Es ist ganz leicht«, sagte Anna. »Du kannst es, wenn du nur an deine Beine denkst.«

Der rothaarige Junge schien immer noch unentschlossen, aber die anderen schrien: »Los – versuch's!« So versuchte er es noch einmal, und es ging schon ein wenig besser. Anna zeigte es ihm noch zweimal, und da hatte er es plötzlich begriffen und schlug ein vollkommenes Rad, gerade als die Glocke das Ende der Pause verkündete.

Anna ging zu ihrer Gruppe zurück, und die Jungen schauten und grinsten, aber die Mädchen blickten alle anderswohin. Vreneli sah richtig böse aus, und nur Rösli lächelte ihr einmal kurz zu. Nach der Pause war eine Geschichtsstunde, und Herr Graupe erzählte ihnen von den Höhlenmenschen. Wie er sagte, hatten sie vor Millionen von Jahren gelebt. Sie töteten wilde Tiere und aßen sie und machten sich aus ihrem Fell Kleider. Dann lernten sie Feuer anzuzünden und einfache Werkzeuge zu machen und wurden allmählich zivilisiert. Das war der Fortschritt, sagte Herr Graupe, und dazu kam es teilweise durch Hausierer, die mit nützlichen Gegenständen zu den Höhlen der Höhlenmenschen kamen, um Tauschgeschäfte zu machen.
»Was denn für nützliche Gegenstände?« fragte einer der Jungen.
Herr Graupe schaute empört auf. »Für Höhlenmenschen waren alle möglichen Dinge nützlich«, sagte er. »Zum Beispiel Perlen und bunte Wolle und Sicherheitsnadeln, um ihre Felle zusammenzustecken.« Anna war sehr überrascht über die Hausierer und die Sicherheitsnadeln. Sie hätte Herrn Graupe gern gebeten, das genauer zu erklären, aber dann kam es ihr doch klüger vor, es zu unterlassen. Es schellte auch, bevor sie die Möglichkeit dazu hatte.
Sie dachte auf dem Heimweg immer noch so angestrengt über die Höhlenmenschen nach, daß sie schon halbwegs zu Hause waren, ehe sie bemerkte, daß Vreneli nicht mit ihr sprach.
»Was ist los, Vreneli?« fragte sie.
Vreneli warf die dünnen Zöpfe zurück und sagte nichts.
»Was ist denn?« fragte Anna noch einmal.
Vreneli wollte sie nicht ansehen.
»Du weißt es«, sagte sie, »du weißt es ganz genau.«
»Nein, ich weiß es nicht«, sagte Anna.
»Doch«, sagte Vreneli.
»Nein, ehrlich nicht«, sagte Anna. »Bitte, sag es mir.«
Aber Vreneli wollte nicht. Sie gingen weiter, ohne daß sie Anna einen einzigen Blick gegönnt hätte. Sie streckte die Nase in die Luft und hatte die Augen auf einen weit entfernten Punkt gerichtet. Erst als sie das Gasthaus erreichten und im Begriff waren, sich zu trennen, sah sie sie kurz an, und Anna war

erstaunt, daß Vreneli nicht nur böse war, sondern auch den Tränen nahe.
»Jedenfalls«, schrie Vreneli über die Schuler zurück, während sie davonrannte, »jedenfalls haben wir alle deinen Schlüpfer gesehen.«
Während des Mittagessens mit Papa und Mama war Anna so still, daß es Mama auffiel.
»Ist in der Schule etwas gewesen?« fragte sie.
Anna überlegte. Es gab zwei Dinge, die ihr Kummer machten. Eins war Vrenelis sonderbares Benehmen und das andere Herrn Graupes Bericht über die Höhlenmenschen. Sie fand, daß das Problem mit Vreneli zu kompliziert sei, um es erklären zu können und sagte statt dessen: »Mama, haben die Höhlenmenschen wirklich ihre Felle mit Sicherheitsnadeln zusammengesteckt?«
Dies rief einen solchen Schwall von Gelächter, Fragen und Erklärungen hervor, daß es bis zum Ende des Mittagessens dauerte, und dann war es Zeit, wieder in die Schule zu gehen. Vreneli war schon weg, und Anna, die sich ein wenig einsam fühlte, mußte allein gehen.
Am Nachmittag hatte sie wieder Singstunde, und es wurde viel gejodelt, was Anna gefiel, und als es vorüber war, sah sich Anna plötzlich dem rothaarigen Jungen gegenüber.
»Hallo, Anna!« sagte er keck, und bevor Anna antworten konnte, fingen seine Freunde, die bei ihm waren, an zu lachen, drehten sich alle um und marschierten aus dem Klassenzimmer.
»Warum hat er das gesagt?« fragte Anna.
Rösli lächelte: »Ich glaube, du wirst Begleitung bekommen«, sagte sie und fügte dann hinzu: »Die arme Vreneli.«
Anna hätte sie gern gefragt, was sie meinte, aber die Erwähnung von Vreneli erinnerte sie daran, daß sie sich beeilen mußte, wollte sie nicht allein nach Hause gehen. So sagte sie: »Bis morgen«, und rannte los.
Auf dem Schulhof war nichts von Vreneli zu sehen. Anna wartete ein Weilchen, weil sie dachte, Vreneli könnte auf der Toilette sein, aber sie erschien nicht. Die einzigen auf dem Schulhof waren der rothaarige Junge und seine Freunde, die auch auf

jemanden zu warten schienen. Vreneli mußte sofort weggelaufen sein, nur um ihr aus dem Weg zu gehen. Anna wartete noch eine Weile, aber schließlich mußte sie sich eingestehen, daß es zwecklos war, und sie machte sich allein auf den Heimweg.

Der Gasthof Zwirn lag keine zehn Minuten entfernt, und Anna kannte den Weg gut. Vor dem Schultor wandte sie sich nach rechts und ging die Straße hinunter. Nach ein paar Minuten bemerkte sie, daß der rothaarige Junge und seine Freunde sich vor der Schule auch nach rechts gewandt hatten. Von der Straße zweigte ein steiler, mit losen Kieseln bedeckter Pfad ab, der wieder auf eine andere Straße auslief, und diese führte wieder nach einigen Kurven und Wendungen zu dem Gasthaus. Erst auf dem Kiespfad begann Anna sich zu fragen, ob alles so war wie es sein sollte. Der Kies war dick und sehr locker, und ihre Füße machten bei jedem Schritt ein knirschendes Geräusch. Plötzlich hörte sie ähnliches, etwas gedämpftes Knirschen hinter sich. Sie horchte ein paar Augenblicke, dann blickte sie über die Schulter zurück. Es war wieder der rothaarige Junge mit seinen Freunden. Sie hielten die Schuhe in den Händen und tappten mit bloßen Füßen durch den Schotter, wobei die scharfen Steine sie nicht zu stören schienen. Der kurze Blick, den Anna zurückgeworfen hatte, genügte, um ihr zu zeigen, daß die Jungen sie beobachteten.

Sie ging schneller, und auch die Schritte hinter ihr beschleunigten sich. Dann kam ein kleiner Stein geflogen und schlug in den Schotter neben ihr. Während sie sich noch wunderte, wo er wohl hergekommen war, traf sie ein anderes Steinchen am Bein. Sie drehte sich schnell um und sah gerade noch, wie der rothaarige Junge sich bückte und einen Stein nach ihr warf.

»Was machst du da?« schrie sie. »Hör auf!« Aber er grinste nur und warf ein anderes Steinchen. Dann fingen auch seine Freunde an zu werfen. Die meisten Steine trafen sie nicht und die, die sie trafen, waren zu klein, um eigentlich weh zu tun, trotzdem war es scheußlich.

Dann sah sie, wie ein kleiner, krummbeiniger Junge, der kaum größer war als sie selbst, eine ganze Handvoll Schotter aufnahm. »Wage ja nicht, auf mich damit zu werfen!« schrie sie so

wütend, daß der krummbeinige Junge unwillkürlich einen Schritt zurückwich. Er warf die Steine in ihre Richtung, zielte aber absichtlich zu kurz. Anna funkelte ihn an. Die Jungen blieben stehen und starrten zurück.
Plötzlich tat der rothaarige Junge einen Schritt nach vorn und rief etwas. Die anderen antworteten in einer Art von Gesang. »An-na! An-na!« riefen sie. Dann warf der rothaarige Junge wieder ein wenig Kies und traf sie direkt an der Schulter. Das war zu viel. Sie drehte sich um und floh.
Den ganzen Pfad hinunter sprangen Kiesel um sie herum, trafen ihren Rücken, ihre Beine. »An-na! An-na!« Sie kamen hinter ihr her. Ihre Füße glitten und rutschten auf den Steinen. »Wenn ich nur endlich auf der Straße wäre«, dachte sie, »dann könnten sie nicht mehr mit Steinen nach mir werfen.« Und da war sie! Sie fühlte den schönen glatten Asphalt unter den Füßen. »An-na! An-na!« Sie kamen jetzt näher. Sie bückten sich jetzt nicht mehr nach den Steinen und kamen schneller voran. Plötzlich kam ein großer Gegenstand hinter Anna hergepoltert. Ein Schuh! Sie warfen mit ihren Schuhen nach ihr! Wenigstens mußten sie sich bücken, um sie wieder aufzuheben. Die Straße machte eine Kurve, und man konnte den Gasthof Zwirn schon sehen. Das letzte Stück ging bergab, und Anna hastete den Abhang hinunter und erreichte mit letzter Kraft und außer Atem das Tor des Gasthofes.
»An-na! An-na! An-na!« Die Jungen waren direkt hinter ihr. Um sie herum regnete es Schuhe . . . Und da! Wie ein Wunder, wie ein rächender Engel war Mama plötzlich da. Sie schoß aus dem Gasthaus heraus. Sie packte sich den rothaarigen Jungen und ohrfeigte ihn. Sie verdrosch einen anderen mit seinem eigenen Schuh. Sie stürzte sich auf die Gruppe, die in alle Richtungen auseinanderstob. Und während der ganzen Zeit schrie sie: »Was macht ihr da? Was ist los mit euch?« Auch Anna hätte das gern gewußt.
Dann sah sie, daß Mama den krummbeinigen Jungen gepackt hatte und ihn schüttelte.
Die anderen waren geflohen.
»Warum habt ihr sie gejagt?« fragte Mama. »Warum habt ihr nach ihr geworfen? Was hat sie euch getan?«

Der krummbeinige Junge verzog sein Gesicht und wollte es nicht sagen.
»Ich laß dich nicht los«, sagte Mama, »ich laß dich nicht los, bis du mir sagst, warum ihr das getan habt!«
Der krummbeinige Junge sah Mama ängstlich an. Dann wurde er rot und murmelte etwas.
»Was?« fragte Mama.
Plötzlich geriet der krummbeinige Junge in Verzweiflung.
»Weil wir sie lieben!« schrie er so laut er konnte. »Wir haben's getan, weil wir sie lieben!«
Mama war so überrascht, daß sie ihn losließ, und er schoß davon, quer über den Hof und die Straße hinauf.
»Weil sie dich lieben?« sagte Mama zu Anna. Keiner von beiden konnte es verstehen. Aber als sie später Max um Rat fragten, schien er gar nicht überrascht.
»Das machen sie hier so«, sagte er. »Wenn sie sich in jemand verlieben, dann werfen sie Sachen nach ihm.«
»Aber um Himmels willen, es waren doch sechs!« sagte Mama. »Es müßte doch andere Möglichkeiten geben, ihre Zuneigung auszudrücken!«
Max zuckte mit den Schultern. »So machen sie es eben«, sagte er und fügte hinzu: »Eigentlich sollte Anna sich geehrt fühlen.«
Ein paar Tage später sah Anna ihn im Dorf, wo er mit unreifen Äpfeln nach Rösli warf.
Max war sehr anpassungsfähig.
Anna war nicht sicher, ob sie am nächsten Tag zur Schule gehen sollte. »Wenn sie nun immer noch in mich verliebt sind?« sagte sie. »Ich hab keine Lust, mich wieder bewerfen zu lassen.«
Aber sie hätte sich keine Sorgen zu machen brauchen. Mama hatte den Jungen einen solchen Schrecken eingejagt, daß keiner es mehr wagte, sie auch nur anzusehen. Sogar der rothaarige Junge blickte geflissentlich zur Seite. Daher vergab Vreneli ihr, und sie waren Freundinnen wie zuvor. Anna gelang es sogar, sie zu überreden, heimlich hinter dem Gasthaus das Radschlagen zu versuchen. Aber vor den Augen der anderen, auf dem Schulhof, hielten sich beide strikt ans Hüpfen.

8

An Annas zehntem Geburtstag wurde Papa von der Zürcher Literatischen Gesellschaft zu einem Ausflug eingeladen, und als er Annas Geburtstag erwähnte, luden sie sie und Max und Mama auch ein. Mama freute sich.

»Wie schön, daß es gerade auf deinen Geburtstag fällt«, sagte sie. »Was für eine reizende Art, einen Geburtstag zu feiern.«

Anna war anderer Meinung. Sie sagte: »Warum kann ich nicht eine Kindergesellschaft geben, wie sonst?«

Mama machte ein bestürztes Gesicht. »Aber es ist nicht wie sonst«, sagte sie. »Wir sind nicht zu Hause.«

Anna wußte das natürlich, aber sie hatte das Gefühl, daß ihr Geburtstag etwas sein sollte, das ihr persönlich gehörte – nicht ein Ausflug, an dem alle anderen teilnahmen. Sie sagte aber nichts. »Sieh mal«, sagte Mama, »es wird bestimmt nett. Sie mieten einen Dampfer, nur für die Teilnehmer. Wir fahren beinahe bis zum anderen Ende des Sees und machen ein Picknick auf einer Insel und kommen erst spät nach Hause.«

Aber Anna war nicht überzeugt.

Sie fühlte sich auch nicht glücklicher, als der Tag gekommen war und sie ihre Geschenke betrachtete. Von Onkel Julius war eine Karte gekommen, Max hatte ihr Farbstifte geschenkt, Mama und Papa ein Federmäppchen und eine hölzerne Gemse. Das war alles. Die Gemse war sehr hübsch, aber als Max zehn geworden war, hatte er ein neues Fahrrad bekommen.

Auf der Karte von Onkel Julius war ein Affe abgebildet, und Onkel Julius hatte in seiner sorgfältigen Handschrift auf die Rückseite geschrieben: »Viel Glück zum Geburtstag! Mögen ihm viele noch glücklichere folgen.«

Anna hoffte, dieser Wunsch werde in Erfüllung gehen, denn an diesem Tag sah es tatsächlich nicht allzu rosig aus.

»Dies ist ein komischer Geburtstag für dich«, sagte Mama, als sie Annas Gesicht sah. »Aber du bist doch allmählich zu groß, um dir viel aus Geschenken zu machen.«

Als Max zehn wurde, hatte sie das nicht gesagt. »Und es ist ja auch nicht irgendein Geburtstag«, dachte Anna. Es war ihr erster zweistelliger Geburtstag.

Im Laufe des Tages wurde sie immer unglücklicher. Der Ausflug gefiel ihr ganz und gar nicht. Das Wetter war schön, aber auf dem Dampfer wurde es sehr heiß, und die Mitglieder der Literarischen Gesellschaft redeten alle so geschwollen daher wie Fräulein Lambeck. Einer von ihnen sagte doch tatsächlich zu Papa: »Lieber Meister«. Es war ein dicker junger Mann mit einem Mund voll spitzer kleiner Zähne, und er unterbrach ein Gespräch, das Anna und Papa gerade begonnen hatten.
»Das mit Ihrem Artikel hat mir so leid getan, lieber Meister«, sagte der dicke junge Mann.
»Mir auch«, sagte Papa. »Dies ist meine Tochter Anna, die heute zehn Jahre alt wird.«
»Viel Glück zum Geburtstag«, sagte der junge Mann kurz und redete dann sofort weiter auf Papa ein. »Ich bin untröstlich, daß wir Ihren Artikel nicht haben drucken können. Noch dazu, da er so ausgezeichnete Formulierungen enthielt.« Der junge Mann hatte sie sehr bewundert. Aber der »liebe Meister« habe so entschiedene Ansichten . . . die Politik des Blattes . . . die Gefühle der Regierung . . . der teure Meister müsse verstehen . . .
»Ich verstehe vollkommen«, sagte Papa und wandte sich ab, aber der junge Mann ließ sich nicht abschütteln. Die Zeiten seien so schwierig, sagte er. Man möge sich doch vorstellen – die Nazis hätten Papas Bücher verbrannt –, das müsse doch schrecklich für Papa gewesen sein. Der junge Mann sagte, er könne das nachfühlen. Zufällig habe gerade auch er sein erstes Buch veröffentlicht, und wenn er sich vorstellte . . . Ob der verehrte Meister zufällig das erste Buch des jungen Mannes gelesen habe? Nein? Dann würde der junge Mann ihm davon erzählen . . .
Er redete und redete, und seine kleinen Zähne klapperten, und Papa war zu höflich, um ihn zu unterbrechen. Schließlich konnte Anna es nicht mehr aushalten und ging weg.

Auch das Picknick stellte sich als enttäuschend heraus. Es bestand hauptsächlich aus Brötchen mit Erwachsenenbelag. Die Brötchen waren nicht mehr ganz frisch und hart, und Anna dachte, nur der junge Mann mit den spitzen Zähnen könnte

sich da hindurchbeißen. Als Getränk gab es Ingwerbier, das Anna haßte, aber Max trank es gern. Für ihn war es überhaupt ganz schön. Er hatte seine Angelrute mitgebracht und saß ganz zufrieden am Ufer der Insel und fischte. (Nicht daß er etwas gefangen hätte – er benutzte Stücke der altbackenen Brötchen als Köder. Kein Wunder, daß die Fische sie auch verschmähten.)
Anna wußte nicht, was sie tun sollte. Es waren keine anderen Kinder da, mit denen sie hätte spielen können, und nach dem Picknick wurde es noch schlimmer, weil da Reden gehalten wurden. Mama hatte ihr von den Reden nichts gesagt. Sie hätte sie warnen sollen. Sie dauerten, so kam es Anna vor, stundenlang, und Anna saß verdrossen in der Hitze und stellte sich vor, was sie jetzt tun würde, hätten sie Berlin nicht verlassen müssen.
Heimpi hätte eine Geburtstagstorte mit Erdbeeren gemacht. Sie hätte mindestens zwanzig Kinder eingeladen, und jedes hätte ihr ein Geschenk gebracht. Um diese Zeit hätten sie im Garten Spiele veranstaltet. Danach hätte es Tee gegeben und den mit Kerzen geschmückten Kuchen . . . Sie konnte sich alles so genau vorstellen, daß sie kaum bemerkte, als die Reden endlich zu Ende waren.
Mama tauchte neben ihr auf. »Wir gehen jetzt aufs Schiff zurück«, sagte sie. Dann flüsterte sie mit einem verschwörerischen Lächeln: »Die Reden waren wohl schrecklich langweilig?«
Aber Anna lächelte nicht zurück. Mama hatte gut reden, es war ja nicht ihr Geburtstag.
Auf dem Dampfer fand sie einen Platz an der Reling, blieb dort allein stehen und starrte ins Wasser. Das ist es also gewesen, dachte sie, als das Schiff zurück nach Zürich dampfte. Sie hatte ihren Geburtstag hinter sich, ihren zehnten Geburtstag, und es war auch nicht ein bißchen schön gewesen. Sie legte die Arme auf die Reling und stützte den Kopf darauf und tat so, als schaue sie sich die Gegend an. Es sollte niemand merken, wie elend ihr zumute war. Das Wasser rauschte unter ihr vorbei, der warme Wind blies ihr durchs Haar, und sie konnte nur daran denken, daß ihr der Geburtstag verdorben worden war, und daß es nie mehr gut werden würde.

Nach einer Weile fühlte sie eine Hand auf ihrer Schulter. Es war Papa. Hatte er bemerkt, wie enttäuscht sie war? Aber Papa fiel so etwas nie auf. Er war zu sehr in seine eigenen Gedanken vertieft.

»Ich habe also jetzt eine zehnjährige Tochter«, sagte er lächelnd.

»Ja«, sagte Anna.

»Eigentlich«, sagte Papa, »bist du noch gar nicht ganz zehn Jahre alt. Du bist um sechs Uhr abends geboren. Bis dahin sind noch zwanzig Minuten.«

»Wirklich?« sagte Anna. Aus irgendeinem Grund tröstete sie der Gedanke, daß sie noch nicht ganz zehn Jahre alt war.

»Ja«, sagte Papa, »und mir scheint es noch gar nicht so lange her. Natürlich wußten wir damals noch nicht, daß wir deinen zehnten Geburtstag als Flüchtlinge vor Hitler auf dem Zürcher See verbringen würden.«

»Ist ein Flüchtling jemand, der von zu Hause hat weggehen müssen?« fragte Anna.

»Jemand, der in einem anderen Land Zuflucht sucht«, sagte Papa.

»Ich glaube, ich habe mich noch nicht ganz daran gewöhnt, daß ich ein Flüchtling bin«, sagte Anna.

»Es ist ein seltsames Gefühl«, sagte Papa. »Man wohnt sein ganzes Leben lang in einem Land. Dann wird es plötzlich von Räubern übernommen, und man findet sich allein, an einem fremden Ort, mit nichts.«

Als er dies sagte, machte er ein so fröhliches Gesicht, daß Anna fragte: »Macht es dir denn nichts aus?«

»Doch«, sagte Papa. »Aber ich finde es auch sehr interessant.«

Die Sonne verschwand hinter einem Berggipfel, und dann wurde der See dunkler, und alles auf dem Schiff wurde grau und flach. Dann erschien sie wieder in einer Senke zwischen zwei Bergen, und die Welt wurde wieder rosig und golden.

»Wo werden wir wohl an deinem elften Geburtstag sein?« sagte Papa. »Und an deinem zwölften?«

»Werden wir denn nicht hier sein?«

»Nein, das glaube ich nicht«, sagte Papa. »Wenn die Schweizer nichts von dem, was ich schreibe, drucken wollen, weil sie

Angst haben, die Nazis jenseits der Grenze zu verärgern, dann können wir genauso gut in einem ganz anderen Land leben. Wohin möchtest du denn gern gehen?«
»Ich weiß nicht«, sagte Anna.
»Ich glaube, Frankreich wäre schön«, sagte Papa. Er dachte eine Weile darüber nach. »Kennst du Paris überhaupt?« fragte er.
Bevor Anna ein Flüchtling wurde, war sie nirgends anders hingekommen als an die See, aber sie war daran gewöhnt, daß Papa sich so in seine eigenen Gedanken verbiß, daß er ganz vergaß, zu wem er sprach. Sie schüttelte den Kopf.
»Es ist eine wunderschöne Stadt«, sagte Papa. »Ich bin sicher, daß es dir gefallen wird.«
»Würden wir in eine französische Schule gehen?«
»Wahrscheinlich. Und du würdest französisch sprechen lernen. Aber vielleicht«, sagte Papa, »könnten wir auch in England leben – das ist auch sehr schön. Bloß ein bißchen feucht.« Er betrachtete Anna nachdenklich. »Nein«, sagte er, »ich glaube, wir versuchen es zuerst in Paris.«
Die Sonne war jetzt ganz verschwunden, und es wurde dunkel. Man konnte das Wasser, durch das das Schiff seine Bahn zog, kaum noch erkennen, nur der Schaum schimmerte weiß im letzten Licht.
»Bin ich jetzt zehn?« fragte Anna. Papa schaute auf die Uhr. »Genau zehn Jahre alt.« Er drückte sie an sich.
»Viel Glück zum Geburtstag, und viele, viele glückliche Jahre.«
Im gleichen Augenblick gingen auf dem Schiff die Lichter an. Um die Reling verteilt gab es nur wenige weiße Glühbirnen, so daß es auf dem Deck fast so dunkel war wie zuvor, aber die Kabinenfenster glühten plötzlich gelb auf, und am Heck des Schiffes strahlte eine purpur-blaue Laterne.
»Wie schön«, rief Anna, und plötzlich war sie wegen der verpaßten Geburtstagsfeier und der fehlenden Geschenke nicht mehr traurig. Es kam ihr schön und abenteuerlich vor, ein Flüchtling zu sein, kein Zuhause zu haben und nicht zu wissen, wo sie wohnen würde. Vielleicht konnte das sogar als eine schwere Kindheit gelten, wie in Günthers Buch, und vielleicht

konnte sie doch noch einmal berühmt werden.

Während das Schiff zurück nach Zürich dampfte, schmiegte sie sich an Papa, und sie beobachteten gemeinsam, wie das blaue Licht der Schiffslaterne auf dem dunklen Wasser hinter ihnen herschwamm.

»Ich glaube, es könnte mir ganz gut gefallen, ein Flüchtling zu sein«, sagte Anna.

9

Der Sommer verging, und plötzlich war das Schuljahr zu Ende. Am letzten Schultag gab es eine Feier, und Herr Graupe hielt eine Rede. Es gab eine Ausstellung der Nadelarbeiten der Mädchen, eine Turnvorführung der Jungen und viel Gesang und Gejodel von allen Beteiligten. Am Ende des Nachmittags bekam jedes Kind eine Wurst und ein Stück Brot, und sie gingen lachend und kauend heim durchs Dorf und machten Pläne für den kommenden Tag. Die Sommerferien hatten begonnen.

Max hatte erst ein paar Tage später frei. In der höheren Schule in Zürich endete das Schuljahr nicht mit Jodeln und Wurst, sondern mit Zeugnissen. Max brachte die üblichen Bemerkungen nach Hause: »Strengt sich nicht genug an« und »Zeigt kein Interesse«, und er und Anna saßen wie auch sonst bei einem freudlosen Mittagessen, während Papa und Mama das Zeugnis lasen. Mama war besonders enttäuscht. Sie hatte sich daran gewöhnt, daß Max »sich nicht anstrengte« und »kein Interesse zeigte« solange sie in Deutschland waren, aber aus irgendeinem Grund hatte sie gehofft, es würde in der Schweiz anders sein, denn Max war begabt, er arbeitete nur nicht. Aber der einzige Unterschied war der, daß Max in Deutschland die Arbeit vernachlässigt hatte, um Fußball zu spielen, in der Schweiz hatte er sie vernachlässigt, um zu angeln, und das Ergebnis war ziemlich das gleiche. Anna fand es erstaunlich, daß er immer weiter angelte, obgleich er nie etwas fing. Sogar die Zwirnschen Kinder hatten angefangen, ihn deswegen zu necken. »Bringst du wieder den Würmern das Schwimmen bei?« fragten sie, wenn sie an ihm vorüberkamen, und er machte dann ein wütendes Gesicht. Laut schimpfen konnte er nicht, weil er vielleicht einen Fisch vertrieben hätte, der gerade anbeißen wollte.

Wenn Max nicht fischte, schwammen er und Anna und die drei Zwirn-Kinder im See oder spielten miteinander oder gingen in den Wald. Max verstand sich gut mit Franz, und Anna hatte Vreneli ganz gern. Trudi war erst sechs, aber sie lief immer hinterher, ganz gleich, was die anderen taten. Manchmal gesellte sich auch Rösli zu ihnen und einmal sogar der rothaarige Junge, der sowohl Anna wie Vreneli geflissentlich übersah und mit Max über Fußball redete.

Dann kamen eines Morgens Max und Anna nach unten und sahen, daß die Zwirn-Kinder mit einem Jungen und einem Mädchen spielten, die sie nie zuvor gesehen hatten. Es waren Deutsche, ungefähr in ihrem Alter, und sie verbrachten die Ferien mit ihren Eltern im Gasthaus.

»Aus welchem Teil von Deutschland kommt ihr?« fragte Max.

»München«, sagte der Junge.

»Wir haben früher in Berlin gewohnt«, sagte Anna.

»Mensch«, sagte der Junge, »Berlin muß prima sein.«

Sie spielten alle zusammen Fangen. Es hatte früher nie viel Spaß gemacht, weil sie nur zu viert gewesen waren – (Trudi zählte nicht, weil sie nicht schnell genug laufen konnte und immer schrie, wenn jemand sie fing). Aber die deutschen Kinder waren beide sehr flink auf den Beinen, und zum erstenmal war das Spiel wirklich aufregend. Vreneli hatte gerade den deutschen Jungen gefangen, und der fing Anna, so daß jetzt sie an der Reihe war, jemanden zu fangen, und sie rannte hinter dem deutschen Mädchen her. Sie liefen immer rund um den Hof des Gasthauses, schlugen Haken, sprangen über Gegenstände, bis Anna glaubte, sie werde das Mädchen gleich haben – aber plötzlich stellte sich ihr eine große, dünne Frau mit einem unangenehmen Ausdruck im Gesicht in den Weg. Die Frau war so plötzlich aufgetaucht, daß Anna ihren Lauf kaum bremsen konnte und beinahe mit ihr zusammengestoßen wäre.

»Verzeihung«, sagte Anna, aber die Frau gab keine Antwort.

»Siegfried«, rief sie mit schriller Stimme. »Gudrun! Ich habe

euch doch gesagt, daß ihr nicht mit diesen Kindern spielen sollt!« Sie packte das deutsche Mädchen beim Arm und zog sie weg. Der Junge folgte, aber als seine Mutter nicht hinschaute, schnitt er Anna eine Grimasse und hob entschuldigend die Hände. Dann verschwanden die drei im Gasthaus.
»Was für eine böse Frau«, sagte Vreneli.
»Vielleicht glaubt sie, wir wären schlecht erzogen«, sagte Anna. Sie versuchten, ohne die deutschen Kinder fangen zu spielen, aber es machte keinen Spaß und endete mit dem üblichen Durcheinander, weil Trudi, wenn sie gefangen wurde, in Tränen ausbrach.

Anna sah die deutschen Kinder erst am späten Nachmittag wieder. Sie waren wohl in Zürich einkaufen gewesen, denn jeder von ihnen trug ein Paket und die Mutter gleich mehrere. Als sie gerade ins Haus gehen wollten, glaubte Anna, dies sei eine Gelegenheit, zu zeigen, daß sie nicht schlecht erzogen war. Sie sprang herbei und machte ihnen die Tür auf.
Aber die deutsche Frau schien gar nicht erfreut. »Gudrun! Siegfried!« sagte sie und schob ihre Kinder schnell nach drinnen. Dann schob sie sich mit saurer Miene selber an Anna vorbei und versuchte dabei, soviel Abstand wie möglich zu halten. Das war schwierig, denn mit den Paketen wäre sie beinahe in der Tür stecken geblieben, aber schließlich war sie hindurch und verschwand. Und nicht einmal ein Wort des Dankes. »Die deutsche Frau ist selber schlecht erzogen«, dachte Anna.
Am Tag darauf hatten Anna und Max sich mit den Zwirn-Kindern zu einem Spaziergang in den Wald verabredet, und am Tag danach regnete es, und am Tag darauf nahm Mama sie mit nach Zürich, um Socken zu kaufen. Daher sahen sie die deutschen Kinder nicht mehr. Aber nach dem Frühstück am darauffolgenden Morgen, als Max und Anna auf den Hof traten, sahen sie sie wieder mit den Zwirn-Kindern spielen. Anna lief auf sie zu.
»Wollen wir wieder Fangen spielen?« fragte sie.
»Nein«, sagte Vreneli und wurde rot. »Auf jeden Fall kannst du nicht mitspielen.«
Anna war so überrascht, daß sie kein Wort herausbringen

konnte. War Vreneli wieder wegen des rothaarigen Jungen böse? Anna hatte ihn doch schon ewig nicht gesehen.
»Warum kann Anna nicht mitspielen?« fragte Max.
Franz war genauso verlegen wie seine Schwester.
»Ihr könnt beide nicht mitspielen«, sagte er und deutete auf die deutschen Kinder. »Sie sagen, daß sie nicht mit euch spielen dürfen.«
Den deutschen Kindern war offensichtlich nicht nur verboten, mit ihnen zu spielen, sondern auch, mit ihnen zu sprechen, denn der Junge sah aus, als wolle er etwas sagen. Aber schließlich schnitt er nur wieder eine entschuldigende Grimasse und zuckte mit den Schultern.
Anna und Max sahen einander an. So etwas hatten sie noch nie erlebt. Dann fing Trudi, die zugehört hatte, plötzlich an zu singen: »Anna und Max dürfen nicht spielen! Anna und Max dürfen nicht spielen!«
»Halt den Mund!« sagte Franz. »Los, kommt!« und er und Vreneli rannten zum See hinunter, und die deutschen Kinder folgten ihnen. Einen Augenblick lang stutzte Trudi, dann sang sie noch einmal ihr herausforderndes »Anna und Max dürfen nicht spielen!« und rannte auf ihren kurzen Beinen hinter den andern her. Anna und Max hatten sie stehen lassen.
»Warum dürfen sie denn nicht mit uns spielen?« fragte Anna, aber Max wußte es auch nicht. Es blieb ihnen nichts übrig, als in den Speisesaal zurückzugehen, wo Mama und Papa noch beim Frühstück saßen.
»Ich dachte, ihr spielt mit Franz und Vreneli«, sagte Mama.
Max erklärte, was geschehen war.
»Das ist sehr seltsam«, sagte Mama.
»Vielleicht könntest du einmal mit der Mutter sprechen«, sagte Anna. Sie hatte gerade die deutsche Frau entdeckt, die mit einem Herrn, der wahrscheinlich ihr Ehemann war, an einem Tisch in der Ecke saß.
»Das will ich auch«, sagte Mama.
In diesem Augenblick erhoben sich die deutsche Frau und der Mann, um den Speisesaal zu verlassen, und Mama ging ihnen nach. Sie trafen zusammen, aber es war zu weit entfernt, als daß Anna hätte hören können, was gesagt wurde. Mama hatte

erst ein paar Worte gesprochen, als die deutsche Frau etwas erwiderte, das Mama vor Zorn erröten ließ. Die deutsche Frau sagte noch etwas und wollte davongehen, aber Mama packte sie beim Arm.

»O nein!« schrie Mama mit einer Stimme, die durch den ganzen Saal hallte. »Das ist noch lange nicht das Ende von allem!« Dann wandte sie sich brüsk ab und kam zum Tisch zurück marschiert, während die deutsche Frau und ihr Mann mit hochnäsigen Mienen hinausgingen.

»Der ganze Saal konnte dich hören«, sagte Papa ärgerlich, als sich Mama wieder setzte. Er haßte Szenen.

»Gut!« sagte Mama in einem so aufgebracht klingenden Tonfall, daß Papa »pssst« flüsterte und mit den Händen beruhigende Gesten machte. Mama versuchte, ruhig zu sprechen, aber dabei wurde sie noch wütender, und schließlich konnte sie die Worte kaum herausbringen.

»Das sind Nazis«, sagte sie. »Sie haben ihren Kindern verboten, mit Max und Anna zu spielen, weil unsere Kinder jüdisch sind!« Ihre Stimme schwoll vor Empörung an. »Und du willst, daß ich still sein soll!« schrie sie so laut, daß eine alte Dame, die immer noch frühstückte, fast ihren Kaffee verschüttet hätte.

Papas Mund wurde schmal. »Es würde mir ja auch nicht im Traum einfallen, Anna und Max mit Kindern von Nazis spielen zu lassen«, sagte er. »Es kommt also auf eins heraus.«

»Aber was ist mit Vreneli und Franz?« fragte Max.

»Wenn sie mit den deutschen Kindern spielen, heißt das doch, daß sie nicht mit uns spielen können.«

»Ich glaube, Vreneli und Franz werden sich entscheiden müssen, wen sie für ihre Freunde halten«, sagte Papa. »Die Schweizer Neutralität ist gut und schön, aber sie kann auch zu weit gehen.« Er stand vom Tisch auf. »Ich werde jetzt ein Wörtchen mit ihrem Vater sprechen.«

Nach einiger Zeit kam Papa zurück. Er hatte Herrn Zwirn gesagt, daß seine Kinder sich entscheiden müßten, ob sie mit Max und Anna oder den deutschen Kindern spielen wollten. Sie könnten nicht mit beiden spielen. Papa hatte gesagt, sie sollten sich nicht übereilt entscheiden, sondern ihm heute abend Bescheid geben.

»Ich glaube, sie entscheiden sich für uns«, sagte Max. »Wir werden ja noch lange hier sein, nachdem die anderen Kinder weg sind.«
Aber was sollten sie für den Rest des Tages anfangen? Max ging mit seiner Angelrute, seinen Würmern und seinen Brotstückchen an den See. Anna konnte sich zu nichts entschließen. Endlich faßte sie den Plan, ein Gedicht über eine Lawine zu schreiben, die eine ganze Stadt verschüttete, aber es kam nicht viel dabei heraus. Als sie an die Illustration ging, fiel ihr ein, daß sie alles weiß malen mußte, und das fand sie so langweilig, daß sie es aufgab. Max hatte, wie gewöhnlich, nichts gefangen, und am Nachmittag waren sie beide so niedergeschlagen, daß Mama ihnen einen halben Franken für Schokolade gab – obwohl sie vorher gesagt hatte, Schokolade wäre zu teuer.
Als sie vom Süßwarenladen zurückkamen, sahen sie Franz und Vreneli, die im Eingang des Gasthofes ernst miteinander sprachen. Sie gingen, den Blick geradeaus gerichtet, verlegen an ihnen vorbei. Danach wurde Anna und Max noch elender zumute. Dann ging Max wieder zum Angeln, und Anna entschloß sich, schwimmen zu gehen, um noch etwas vom Tag zu retten. Sie ließ sich auf dem Rücken treiben, was sie eben erst gelernt hatte, aber es machte sie nicht heiterer. Es war alles so blöd. Warum konnten sie nicht alle zusammen spielen, Max und Anna, die Zwirns und die deutschen Kinder? Warum mußte man sich entscheiden und Partei ergreifen?
Plötzlich platschte es im Wasser neben ihr. Es war Vreneli. Ihre langen dünnen Zöpfe waren oben auf dem Kopf zusammengeknotet, damit sie nicht naß wurden, und ihr langes, mageres Gesicht sah rosiger und bekümmerter aus denn je.
»Es tut mir leid wegen heute morgen«, sagte Vreneli atemlos. »Wir haben uns entschlossen, lieber mit euch zu spielen, auch wenn wir dann nicht mehr mit Siegfried und Gudrun spielen können.«
Dann tauchte Franz am Ufer auf. »Hallo, Max«, rief er. »Bringst du den Würmern das Schwimmen bei?«
»Ich hätte eben einen großen Fisch gefangen«, sagte Max, »wenn du ihn nicht verscheucht hättest.« Aber er war trotzdem sehr froh.

Beim Abendessen an diesem Tag sah Anna die deutschen Kinder zum letztenmal. Sie saßen mit ihren Eltern steif an ihrem Tisch. Ihre Mutter sprach ruhig und eindringlich auf sie ein, und sogar der Junge wandte sich nicht ein einziges Mal um, um Anna und Max anzusehen.

Am Ende der Mahlzeit ging er dicht an ihrem Tisch vorüber und tat so, als könnte er sie nicht sehen.

Am nächsten Morgen reiste die deutsche Familie ab.

»Ich fürchte, daß wir Herrn Zwirns Kunden vertrieben haben«, sagte Papa.

Mama triumphierte.

»Aber es ist doch schade«, sagte Anna. »Ich weiß bestimmt, daß der Junge uns gern hatte.«

Max schüttelte den Kopf. »Zum Schluß hatte er uns gar nicht mehr gern«, sagte er. »Da hatte seine Mutter ihn ganz fertig gemacht.«

»Er hat wohl recht«, dachte Anna. Was mochte der deutsche Junge jetzt wohl denken, was hatte seine Mutter ihm über sie und Max gesagt, und wie würde er sein, wenn er erwachsen war?

10

Kurz vor dem Ende der Sommerferien fuhr Papa nach Paris. Es lebten jetzt dort so viele deutsche Flüchtlinge, daß sie eine eigene Zeitung gegründet hatten. Sie hieß »Pariser Zeitung«, und einige der Artikel, die Papa in Zürich geschrieben hatte, waren darin erschienen. Jetzt hatte ihn der Herausgeber gebeten, regelmäßig für die Zeitung zu schreiben. Papa hoffte, daß, wenn sich die Mitarbeit an der Zeitung gut einspielte, sie alle nach Paris ziehen und dort leben könnten.

Am Tag nach seiner Abreise kam Omama auf Besuch. Sie war die Großmutter der Kinder und lebte gewöhnlich in Südfrankreich.

»Wie komisch«, sagte Anna, »Omamas und Papas Züge könnten aneinander vorbeifahren, und sie könnten sich zuwinken.«

»Das würden sie aber nicht tun«, sagte Max. »Sie mögen sich nicht.«
»Warum nicht?« fragte Anna. Es fiel ihr jetzt ein, daß Omama wirklich immer nur zu Besuch kam, wenn Papa weg war.
»Das ist eine alte Familiengeschichte«, sagte Max in einem so erwachsenen Tonfall, daß es sie wütend machte.
»Sie wollte nicht, daß Papa und Mama sich heirateten.«
»Aber daran läßt sich doch jetzt nichts mehr ändern«, sagte Anna und kicherte.
Als Omama ankam, war Anna mit Vreneli spielen gegangen, aber sie wußte sofort, daß sie da war, denn aus einem offenen Fenster des Gasthauses erklang ein hysterisches Bellen. Omama ging ohne ihren Dackel Pumpel nirgendwo hin. Anna folgte dem Gekläff und fand Omama bei Mama.
»Anna, mein Herzchen«, rief Omama. »Wie schön, dich zu sehen!« Und sie drückte Anna an ihren üppigen Busen. Nach einer Weile fand Anna, sie wäre jetzt genug gedrückt worden und fing an zu zappeln, aber Omama hielt sie fest und drückte sie noch mehr. Anna erinnerte sich, daß Omama das immer getan hatte. »Wie lange ist das schon her!« rief Omama. »Dieser schreckliche Hitler . . .!« Ihre Augen, die blau waren wie Mamas, bloß viel blasser, füllten sich mit Tränen, und ihr Doppelkinn zitterte. Es war schwierig, genau zu verstehen, was sie sagte, weil Pumpel solchen Lärm machte. Nur ein paar Bruchstücke: ». . . aus unserer Heimat gerissen« und ». . . verstreute Familien« übertönten das wütende Gebell.
»Was ist denn mit Pumpel los?« fragte Anna.
»Oh, Pumpel, mein armer Pumpel! Sieh ihn dir an!« rief Omama.
Anna hatte ihn sich angesehen. Er benahm sich sehr seltsam. Sein braunes Hinterteil stand steil in die Luft, und er legte immer wieder den Kopf auf die gestreckten Vorderpfoten, als verneige er sich. Zwischen den Verbeugungen blickte er flehend auf etwas über Omamas Waschbecken. Da Pumpel die gleiche Tonnenform hatte wie Omama, war dieses Vorgehen sehr schwierig für ihn.
»Was will er denn?« fragte Anna.
»Er bettelt«, sagte Omama. »Er bettelt um die elektrische Birne

da. Oh, aber Pumpel, mein Liebling, die kann ich dir doch nicht geben!«

Anna machte große Augen. Über dem Waschbecken befand sich eine ganz gewöhnliche runde weiß gestrichene Glühbirne. Was sollte selbst ein so verrückter Hund wie Pumpel damit machen?

»Warum will er sie denn haben?« fragte sie.

»Natürlich weiß er nicht, daß es eine Birne ist«, erklärte Omama geduldig. »Er glaubt, es wäre ein Tennisball und will, daß ich mit ihm spiele.«

Pumpel schien zu merken, daß seine Wünsche endlich ernst genommen wurden, und begann, mit verdoppelter Anstrengung zu bellen und sich zu verneigen.

Anna mußte lachen. »Der arme Pumpel«, sagte sie und versuchte ihn zu streicheln – aber sofort schnappte er mit seinen gelben Zähnen nach ihrer Hand. Sie zog sie schnell zurück.

»Wir könnten die Birne herausschrauben«, sagte Mama, aber die Birne saß fest in ihrem Sockel und ließ sich nicht bewegen.

»Vielleicht, wenn wir einen richtigen Tennisball hätten . . .« sagte Omama und suchte nach ihrem Portemonnaie. »Anna, mein Herzchen, es macht dir doch nichts aus? Ich glaube, die Läden sind noch offen.«

»Tennisbälle sind ziemlich teuer«, sagte Anna. Sie hatte sich einmal einen von ihrem Taschengeld kaufen wollen, aber es war längst nicht genug gewesen.

»Das macht nichts«, sagte Omama. »Ich kann den armen Pumpel doch nicht in diesem Zustand lassen – er ist schon ganz erschöpft.«

Aber als Anna zurückkam, hatte Pumpel das Interesse an der ganzen Sache verloren. Er lag knurrend auf dem Boden. Und als Anna ihm den Ball vorsichtig zwischen die Pfoten legte, sah er ihn nur haßerfüllt an und grub gleich seine Zähne hinein. Der Tennisball gab seufzend seinen Geist auf. Pumpel erhob sich, kratzte zweimal mit seinen Hinterpfoten über den Boden und zog sich unter das Bett zurück.

»Er ist wirklich ein gräßlicher Hund«, sagte Anna später zu Max. »Ich weiß nicht, warum Omama sich das gefallen läßt.«

»Ich wünschte, wir hätten das Geld noch, das wir für den Tennisball ausgegeben haben«, sagte Max. »Wir könnten damit auf die Kirmes gehen.«
Im Dorf sollte ein Jahrmarkt stattfinden – ein jährliches Ereignis, das die Dorfkinder aufgeregt erwarteten. Franz und Vreneli hatten seit Monaten ihr Taschengeld gespart. Anna und Max hatten erst kürzlich davon gehört, und da sie keine Ersparnisse hatten, wußten sie nicht, wie sie daran würden teilnehmen können. Wenn sie zusammenlegten, würde es gerade für eine Karussellfahrt für einen von ihnen langen – und das, sagte Anna, würde schlimmer sein, als gar nicht hinzugehen. Sie hatte neulich dran gedacht, Mama um Geld zu bitten. Das war am ersten Schultag nach den Ferien gewesen, als niemand von etwas anderem gesprochen hatte, als von dem Jahrmarkt und wieviel Geld zum Ausgeben sie hätten. Aber Max hatte sie daran erinnert, daß Mama versuchte, zu sparen. Wenn sie nach Paris gehen wollten, würden sie jeden Pfennig für den Umzug brauchen.
Mittlerweile machte Pumpel, obwohl man ihn wirklich nicht liebenswert nennen konnte, das Leben doch viel interessanter. Er hatte überhaupt keinen Verstand. Sogar Omama, die ihn doch kennen mußte, war überrascht. Als sie ihn mit auf den Dampfer nahm, rannte er sofort an die Reling und konnte nur mit Mühe daran gehindert werden, sich über Bord zu stürzen. Als sie das nächste Mal nach Zürich fahren wollte, versuchte sie, ihn mit in den Zug zu nehmen, aber er weigerte sich, einzusteigen. Aber sobald der Zug aus der Station fuhr und Omama und Pumpel auf dem Bahnsteig zurückließ, riß er sich von der Leine und verfolgte ihn, wild bellend, auf den Schienen bis zum nächsten Dorf. Eine Stunde später wurde er ganz erschöpft von einem kleinen Jungen zurückgebracht und mußte für den Rest des Tages ruhen.
»Glaubst du, daß irgend etwas mit seinen Augen nicht stimmt?« fragte Omama.
»Unsinn, Mutter«, sagte Mama, die fand, daß es andere Sorgen gäbe, zum Beispiel, wie man nach Paris umzieht, wenn man kein Geld hat. »Und wenn es der Fall sein sollte, was dann? Du kannst ihm doch keine Brille kaufen!«

Es war schade, denn Omama war, trotz ihrer törichten Anhänglichkeit an Pumpel, sehr nett. Auch sie war ein Flüchtling, aber im Gegensatz zu Papa war ihr Mann nicht berühmt. Sie hatten ihren ganzen Besitz aus Deutschland mitnehmen können und lebten jetzt recht behaglich an der Mittelmeerküste. Sie brauchte nicht wie Mama zu sparen, und manchmal dachte sie sich kleine Überraschungen aus, die sich Mama sonst nicht hätte leisten können.

»Könnten wir eigentlich nicht Omama bitten, uns Geld für den Jahrmarkt zu geben?« fragte Anna, nachdem Omama ihnen in einer Konditorei Eclairs gekauft hatte.

Max war entsetzt. »Anna! Wie kannst du nur!« sagte er ganz scharf.

Anna hatte natürlich gewußt, daß sich so etwas nicht gehörte – aber es war so verlockend. Bis zum Jahrmarkt war es nur noch eine Woche.

Ein paar Tage bevor Omama in den Süden Frankreichs zurückreisen sollte, war Pumpel verschwunden. Er war früh am Morgen aus Omamas Zimmer entwischt, und sie hatte sich nichts dabei gedacht. Er lief manchmal allein an den See hinunter, schnüffelte ein bißchen herum und kam dann von selbst wieder zurück. Aber zur Frühstückszeit war er immer noch nicht zurück, und sie fing an, die Leute zu fragen, ob sie ihn nicht gesehen hätten.

»Was hat er nur wieder angestellt?« sagte Herr Zwirn. Er konnte Pumpel nicht leiden, weil er seine Gäste störte, an den Möbeln nagte und zweimal versucht hatte, Trudi zu beißen.

»Manchmal benimmt er sich wie ein ganz junger Hund«, sagte Omama zärtlich, dabei war Pumpel neun Jahre alt.

»Es muß seine zweite Kindheit sein«, bemerkte Herr Zwirn

Die Kinder suchten halbherzig. Es wurde bald Zeit, zur Schule zu gehen, und sie waren sicher, daß er früher oder später auftauchen würde – wahrscheinlich in Begleitung eines wütenden Opfers, das er entweder gebissen oder dessen Eigentum er zerstört hatte. Vreneli kam, um Anna abzuholen, sie machten sich zusammen auf den Schulweg, und Anna hatte Pumpel bald vergessen. Als sie zum Mittagessen zurückkamen, lief Trudi ihnen mit wichtigtuerischer Miene entgegen.

»Sie haben den Hund deiner Großmutter gefunden«, sagte sie. »Er ist ertrunken.«
»Unsinn«, sagte Vreneli, »das hast du nur erfunden.«
»Ich hab's nicht erfunden«, sagte Trudi empört, »es ist wahr. Papa hat ihn im See gefunden. Und ich hab ihn selber gesehen, und er ist tot. Ich weiß genau, daß er tot ist, denn er hat nicht versucht, mich zu beißen.«
Mama bestätigte Trudis Geschichte. Pumpel lag am Fuß einer niedrigen Ufermauer. Niemand hatte herausgefunden, warum er ins Wasser gefallen war. Vielleicht ein Anfall von Wahnsinn? Oder hatte er einen der großen Kiesel im Wasser für einen Tennisball gehalten? Herr Zwirn deutete an, es könnte Selbstmord gewesen sein.
»Ich habe von Hunden gehört, die sich das Leben genommen haben, wenn sie sich selbst oder anderen zur Last waren«, erzählte er. Die arme Omama war außer sich. Sie kam nicht zum Essen herunter und erschien erst zu Pumpels Begräbnis am Nachmittag schweigend und mit roten Augen. Herr Zwirn hatte ein kleines Grab in einer Gartenecke ausgehoben. Omama hatte Pumpel in einen alten Schal gehüllt, und die Kinder standen daneben, während sie ihn in seine letzte Ruhestätte bettete. Dann warfen sie unter Omamas Anleitung jedes eine Schaufel Erde auf ihn. Herr Zwirn schaufelte das Grab dann flott zu und klopfte die Erde zu einem flachen Hügel zurecht.
»Und jetzt der Schmuck«, sagte Herr Zwirn, und Omama stellte unter Tränen einen großen Blumentopf mit einer Chrysantheme oben drauf.
Trudi beobachtete alles voller Zufriedenheit.
»Jetzt kann dein Hündchen nicht mehr rauskommen«, sagte sie mit sichtlicher Genugtuung.
Das war zu viel für Omama, und zur großen Verlegenheit der Kinder brach sie in Schluchzen aus und mußte von Herrn Zwirn weggeführt werden.
Der Rest des Tages verlief ziemlich traurig. Niemand außer Omama beeindruckte Pumpels Tod sonderlich, aber alle hatten das Gefühl, sie seien es Omama schuldig, kein allzu fröhliches Gesicht zu zeigen. Nach dem Abendessen ging Max weg, um

seine Aufgaben zu machen, während Anna und Mama Omama Gesellschaft leisteten.

Vorher hatte sie kaum ein Wort gesagt, aber jetzt konnte sie nicht aufhören zu reden. Ununterbrochen erzählte sie von Pumpel und seinen Taten. Wie konnte sie ohne ihn nach Frankreich zurückfahren? Er hatte ihr im Zug so gute Gesellschaft geleistet. Sie hatte sogar einen Rückfahrschein für ihn. Anna und Mama mußten ihn beide besichtigen. »Die Nazis sind an allem schuld«, schrie Omama. »Wenn Pumpel nicht Deutschland hätte verlassen müssen, wäre er nie im Zürcher See ertrunken. Dieser gräßliche Hitler . . .«

Danach brachte Mama das Gespräch allmählich auf Bekannte, die in andere Länder ausgewandert oder in Deutschland geblieben waren, und Anna begann zu lesen, aber das Buch war nicht sehr interessant, und Bruchstücke der Unterhaltung nahm sie in sich auf.

Jemand hatte eine Beschäftigung bei einer Filmgesellschaft in England gefunden. Jemand anderem, der reich gewesen war, ging es jetzt in Amerika sehr schlecht, seine Frau mußte putzen gehen. Ein berühmter Professor war verhaftet und in ein Konzentrationslager gebracht worden. (Konzentrationslager? Dann fiel Anna ein, daß dies ein besonderes Gefängnis für Leute war, die gegen Hitler waren.) Die Nazis hatten ihn an eine Hundehütte gekettet. »Wie unsinnig«, dachte Anna, während Omama, die eine Verbindung zwischen dieser Tatsache und Pumpels Tod zu sehen schien, immer aufgeregter sprach. Der Hundezwinger stand am Eingang des Konzentrationslagers, und jedesmal, wenn jemand hinein- oder hinausging, mußte der berühmte Professor bellen. Er bekam etwas Essen in einer Hundeschüssel, und durfte es nicht mit den Händen berühren.

Anna wurde plötzlich ganz übel.

Bei Nacht mußte der berühmte Professor in der Hundehütte schlafen. Die Kette war so kurz, daß er nie aufrecht stehen konnte. Nach zwei Monaten – »zwei Monate . . .!« dachte Anna – war der berühmte Professor wahnsinnig geworden. Er war immer noch an die Hütte angekettet und mußte immer noch bellen, aber er wußte nicht mehr, was er tat.

Vor Annas Augen schien sich plötzlich eine schwarze Wand aufzurichten. Sie konnte nicht mehr atmen. Sie hielt ihr Buch fest vor sich und tat so, als läse sie. Sie wünschte, sie hätte nicht gehört, was Omama sagte. Sie wünschte, sie könnte es loswerden, es erbrechen.
Mama mußte etwas gemerkt haben, denn plötzlich war es still, und Anna merkte, wie Mama sie ansah. Sie starrte angestrengt in ihr Buch und blätterte eine Seite um, als wäre sie in ihr Buch vertieft. Sie wollte nicht, daß Mama, und schon gar nicht, daß Omama zu ihr spräche.
Einen Augenblick später begann die Unterhaltung wieder. Diesmal sprach Mama mit lauter Stimme, aber nicht über Konzentrationslager, sondern wie kalt das Wetter geworden sei.
»Hast du da ein schönes Buch, mein Herzchen?« sagte Omama.
»Ja, danke«, sagte Anna und brachte es fertig, mit ganz normaler Stimme zu sprechen. Sobald wie möglich, stand sie auf und ging zu Bett. Sie wollte Max erzählen, was sie gehört hatte, brachte es aber nicht fertig. Es war besser, nicht einmal daran zu denken.
In Zukunft wollte sie versuchen, überhaupt nicht mehr an Deutschland zu denken.

Am nächsten Morgen packte Omama ihre Koffer. Nun, da Pumpel nicht mehr war, hatte sie nicht das Herz, noch zu bleiben. Aber etwas Gutes hatte ihr Besuch doch. Ehe sie ging, händigte sie Anna und Max einen Umschlag aus. Sie hatte darauf geschrieben: »Ein Geschenk von Pumpel«, und als die Kinder den Umschlag öffneten, fanden sie darin etwas mehr als elf Schweizer Franken.
»Ich will, daß ihr das Geld für etwas ausgebt, das euch Spaß macht«, sagte Omama.
»Was ist es denn?« fragte Max, der von ihrer Großzügigkeit überwältigt war.
»Es ist das Geld für Pumpels Rückfahrschein nach Südfrankreich«, sagte Omama mit Tränen in den Augen. »Man hat ihn zurückgenommen.«
So hatten Anna und Max doch noch genug Geld, um auf den Jahrmarkt zu gehen.

11

Papa kam an einem Sonntag aus Paris zurück, und Anna und Max fuhren zusammen mit Mama nach Zürich, um ihn abzuholen. Es war ein kühler sonniger Tag Anfang Oktober, und als sie alle zusammen mit dem Dampfer nach Hause fuhren, sahen sie auf den Bergen schon Neuschnee.

Papa war sehr zuversichtlich. Es hatte ihm in Paris gefallen. Er hatte zwar, um zu sparen, in einem muffigen kleinen Hotel gewohnt, aber ausgezeichnet gegessen und viel guten Wein getrunken. Alle diese Dinge waren in Frankreich billig. Der Herausgeber der »Pariser Zeitung« war sehr freundlich gewesen, und Papa hatte auch mit den Herausgebern verschiedener französischer Blätter gesprochen. Auch sie hatten gesagt, er solle für sie schreiben.

»Auf französisch?« fragte Anna.

»Natürlich«, sagte Papa. Er hatte eine französische Erzieherin gehabt, als er klein war, und konnte Französisch so gut sprechen wie Deutsch.

»Dann werden wir also alle in Paris wohnen?« fragte Max.

»Mama und ich müssen erst noch einmal darüber sprechen«, sagte Papa. Aber es war klar, was er wünschte.

»Wie herrlich«, sagte Anna.

»Es ist noch nicht entschieden«, sagte Mama. »Es können sich auch noch Möglichkeiten in London ergeben.«

»Aber da ist es feucht«, sagte Anna.

Mama wurde ganz böse. »Unsinn«, sagte sie. »Was weißt du denn darüber?«

Es lag daran, daß Mama nicht gut Französisch sprach. Während Papa von seiner französischen Erzieherin Französisch gelernt hatte, hatte Mama von ihrer englischen Erzieherin Englisch gelernt. Die englische Erzieherin war so nett gewesen, daß Mama sich immer gewünscht hatte, das Land kennenzulernen, aus dem sie kam.

»Wir werden noch darüber reden«, sagte Papa. Dann erzählte er ihnen von den Leuten, die er getroffen hatte – alte Freunde aus Berlin, die bekannte Schriftsteller gewesen waren, Schauspieler oder Wissenschaftler, die nun mühsam versuchten, ih-

ren Lebensunterhalt in Paris zu verdienen.
»Eines Morgens lief ich diesem Schauspieler in die Arme – du erinnerst dich doch an Blumenthal?« sagte Papa, und Mama wußte sofort, was er meinte. »Er hat eine Konditorei eröffnet. Seine Frau bäckt die Kuchen, und er steht hinter dem Ladentisch. Ich begegnete ihm, als er gerade einen Apfelstrudel zu einem Stammkunden brachte.« Papa lächelte. »Als ich ihn zum letzten Mal gesehen habe, war er Ehrengast bei einem Bankett der Berliner Oper.«
Er hatte auch einen französischen Journalisten und dessen Frau getroffen, die ihn einige Male zu sich nach Hause eingeladen hatten.
»Es sind entzückende Menschen«, sagte Papa, »und sie haben eine Tochter in Annas Alter. Wenn wir nach Paris ziehen, bin ich sicher, daß sie euch sehr gefallen werden.«
»Ja«, sagte Mama, aber es klang nicht überzeugt.

Während der nächsten Wochen sprachen Papa und Mama über Paris. Papa glaubte, er werde dort arbeiten können und meinte, es sei eine wunderbare Stadt, um dort zu leben. Mama, die Paris kaum kannte, hatte allerhand praktische Bedenken, zum Beispiel die Erziehung der Kinder, und ob sie eine Wohnung finden würden. Papa hatte daran nicht gedacht. Aber schließlich kamen sie überein, daß sie mit Papa nach Paris fahren und sich selber alles ansehen solle. Es war schließlich eine wichtige Entscheidung.
»Und was ist mit uns?« fragte Max.
Er und Anna saßen im Zimmer ihrer Eltern auf dem Bett, wohin man sie zur Besprechung geholt hatte. Mama besetzte den einzigen Stuhl, und Papa hockte wie ein ganz eleganter Zwerg auf einem hochkant gestellten Koffer. Es war ein bißchen eng, aber man war hier unter sich.
»Ich glaube, ihr seid alt genug, euch ein paar Wochen allein zu versorgen«, sagte Mama.
»Sollen wir etwa allein hier bleiben?« fragte Anna. Es war ein ungewohnter Gedanke.
»Warum nicht?« sagte Mama. »Frau Zwirn wird sich um euch kümmern – sie wird dafür sorgen, daß euer Zeug sauber ist und

ihr zur rechten Zeit zu Bett geht. Mit allem anderen könnt ihr wohl selber zurechtkommen.«
Es war also beschlossen. Anna und Max sollten ihren Eltern alle zwei Tage eine Postkarte schreiben, damit diese wußten, daß alles in Ordnung war, und Papa und Mama würden das gleiche tun. Mama bat sie, nicht zu vergessen, daß sie sich den Hals waschen und reine Socken anziehen mußten. Papa hatte ihnen etwas Ernsteres zu sagen.
»Denkt daran: Wenn Mama und ich in Paris sind, seid ihr die einzigen Vertreter unserer Familie in der Schweiz«, sagte er. »Das ist eine große Verantwortung.«
»Warum?« fragte Anna. »Was müssen wir tun?«
Sie war einmal mit Onkel Julius im Berliner Zoo gewesen und hatte dort ein kleines mäuseähnliches Tier gesehen, an dessen Käfig sich eine Notiz befand, die besagte, daß es der einzige Vertreter seiner Art in Deutschland sei. Sie hoffte nur, daß niemand kam, um sie und Max anzustarren.
Aber das hatte Papa gar nicht gemeint.
»Die Juden sind über die ganze Welt verstreut«, sagte er, »und die Nazis erzählen schreckliche Lügen über sie. Es ist daher für Menschen wie uns sehr wichtig, zu beweisen, daß sie unrecht haben.«
»Wie können wir das denn?« fragte Max.
»Wir müssen besser sein als andere Menschen«, sagte Papa. »Zum Beispiel sagen die Nazis, die Juden wären unehrlich. Es genügt also nicht, daß wir genauso ehrlich sind wie andere Leute. Wir müssen ehrlicher sein.«
Anna bekam sofort ein schlechtes Gewissen, weil ihr das letzte Mal einfiel, wo sie in Berlin einen Bleistift gekauft hatte. Der Mann im Schreibwarengeschäft hatte ihr zu wenig berechnet, und Anna hatte ihn nicht auf das Versehen aufmerksam gemacht. Wenn nun die Nazis davon gehört hatten?
»Wir müssen fleißiger sein als andere Leute«, sagte Papa, »um zu beweisen, daß wir nicht faul sind, großzügiger, um zu beweisen, daß wir nicht geizig sind, höflicher, um zu beweisen, daß wir nicht unhöflich sind.« Max nickte.
»Vielleicht scheint es euch viel verlangt«, sagte Papa, »aber ich glaube, es lohnt sich, denn die Juden sind ein wunderbares

Volk, und es ist wunderbar, ein Jude zu sein. Und wenn Mama und ich zurückkommen, so bin ich sicher, wir werden stolz darauf sein können, wie ihr uns in der Schweiz vertreten habt.«
»Es ist sonderbar«, dachte Anna, »sonst finde ich es gräßlich, wenn ich besonders artig sein soll, aber diesmal macht es mir gar nichts aus.« Sie hatte früher nicht gewußt, daß es so wichtig war, ein Jude zu sein. Im Geheimen beschloß sie, sich wirklich jeden Tag den Hals mit Seife zu waschen, solange Mama weg war, dann konnten die Nazis wenigstens nicht sagen, die Juden hätten dreckige Hälse.
Als aber Mama und Papa wirklich abfuhren, kam sie sich gar nicht mehr wichtig vor – nun sehr klein und verloren. Es gelang ihr, die Tränen zurückzuhalten, während sie dem Zug nachsah, der aus der Station des Dorfes ausfuhr, aber als sie und Max langsam zum Gasthaus zurückgingen, fühlte sie ganz deutlich, daß sie noch zu klein war, um in einem Land allein zu bleiben, während ihre Eltern in ein anderes fuhren.
»Los, kleiner Mann«, sagte Max plötzlich, »mach nicht so'n Gesicht!« Es war so komisch, als »kleiner Mann« angeredet zu werden, was sonst immer nur Max passierte, daß sie lachen mußte.
Danach ging alles besser. Frau Zwirn hatte ihr Lieblingsgericht gekocht, und es hatte etwas Großartiges, allein mit Max an einem Tisch im Speisesaal zu essen. Dann kam Vreneli, um sie zum Nachmittagsunterricht abzuholen, und nach der Schule spielten sie wie sonst auch mit den Zwirn-Kindern. Das Zubettgehen, vor dem sie sich am meisten gefürchtet hatte, war sogar sehr nett, weil Herr Zwirn hereinkam und ihnen über einige der Gäste in der Wirtschaft komische Geschichten erzählte. Am nächsten Tag waren sie und Max imstande, eine ganz muntere Postkarte an Papa und Mama zu schreiben und am folgenden Morgen kam eine aus Paris für sie an.
Danach ging das Leben ganz munter seinen Gang. Die Postkarten waren eine große Hilfe. Jeden Tag schrieben sie entweder an Papa und Mama oder sie hörten von ihnen, und das gab ihnen das Gefühl, daß die Eltern gar nicht so weit entfernt waren. Am Sonntag gingen sie mit den drei Zwirn-Kindern, um Eßkastanien zu sammeln. Sie brachten ganze Körbe nach Hause,

und Frau Zwirn röstete sie im Backofen. Dann aßen sie alle zusammen Kastanien dick mit Butter bestrichen in der Küche zum Abendbrot. Sie schmeckten köstlich.

Am Ende der zweiten Woche nach Mamas und Papas Abreise machte Herr Graupe mit Annas Klasse einen Ausflug. Sie verbrachten eine Nacht hoch oben in den Bergen in einer Holzhütte auf Stroh, und am Morgen weckte Herr Graupe sie vor Tagesanbruch. Er führte sie auf einem schmalen Pfad den Berg hinauf, und plötzlich spürte Anna, daß der Boden unter ihren Füßen kalt und feucht wurde. Es war Schnee.
»Vreneli, sieh mal«, rief sie, und während sie auf den Schnee blickten, der in der Dunkelheit matt grau gewesen war, wurde dieser plötzlich immer heller und ganz rosig. Es ging ganz schnell, und bald hüllte ein rosiger Glanz den ganzen Berg ein Anna sah Vreneli an. Ihr blauer Pullover war violett, ihr Gesicht war scharlachrot, und sogar die mausfarbenen Zöpfchen glühten orangefarben. Auch die anderen Kinder waren verwandelt. Sogar Herrn Graupes Bart war rosig. Und hinter ihnen erstreckte sich eine weite leere Fläche von rosa Schnee und einem etwas blaß rosigen Himmel. Allmählich wurde das Rosa ein bißchen blasser, und das Licht wurde strahlender, die rosa Welt hinter Vreneli und den anderen teilte sich in blauen Himmel und blendend weißen Schnee, und nun war heller Tag.
»Ihr habt jetzt den Sonnenaufgang in den Schweizer Bergen gesehen – das Schönste, was man in der Welt sehen kann«, sagte Herr Graupe, als habe er persönlich dieses Schauspiel hervorgebracht. Dann marschierten sie alle wieder bergab. Es war ein langer Marsch, und Anna war müde, lange bevor sie unten ankamen. Im Zug döste sie und wünschte, Mama und Papa wären nicht in Paris, und sie könnte ihnen sofort von ihrem Abenteuer berichten. Aber vielleicht würden sie bald schreiben, wann sie zurückkamen. Mama hatte versprochen, daß sie nicht länger als drei Wochen bleiben würden, und es war schon über zwei Wochen.
Sie kamen erst am Abend zum Gasthaus zurück. Max hatte mit der fälligen Postkarte gewartet, und Anna kritzelte trotz ihrer

Müdigkeit noch ein paar Zeilen an die Eltern. Dann ging sie, obgleich es erst sieben Uhr war, zu Bett.
Auf der Treppe stieß sie auf Franz und Vreneli, die zusammen flüsterten. Als sie sie sahen, wurden sie gleich still.
»Was habt ihr da gesagt?« fragte Anna. Sie hatte den Namen ihres Vaters aufgeschnappt und etwas von den Nazis.
»Nichts«, sagte Vreneli.
»Doch«, sagte Anna, »ich hab's gehört.«
»Papa hat gesagt, wir sollen es dir nicht sagen«, sagte Vreneli verlegen.
»Damit du dich nicht aufregst«, sagte Franz. »Aber es hat in der Zeitung gestanden. Die Nazis haben einen Preis auf den Kopf deines Vaters ausgesetzt.«
»Einen Preis auf seinen Kopf?« fragte Anna entgeistert.
»Ja«, sagte Franz, »tausend deutsche Mark. Papa sagt, da sieht man, wie bedeutend dein Vater sein muß. Es ist ein Bild von ihm in der Zeitung.«
Wie kann man tausend Mark auf den Kopf eines Menschen setzen? Anna fand das unsinnig. Sie beschloß Max zu fragen, wenn der ins Bett kam, aber sie war lange vorher eingeschlafen.
Mitten in der Nacht wachte Anna auf. Es geschah ganz plötzlich, als wäre etwas in ihrem Kopf angeknipst worden, und sie war sofort hellwach. Und als ob sie die ganze Nacht nichts anderes gedacht hätte, wußte sie plötzlich mit schrecklicher Klarheit, wie man tausend Mark auf den Kopf eines Menschen setzt.
Im Geist sah sie ein Zimmer. Es war ein komisches Zimmer, denn es war in Frankreich, und die Decke war nicht dicht, sondern bestand aus kreuz und quer gelegten Balken. In den Lükken zwischen den Balken bewegte sich etwas. Es war dunkel, aber jetzt tat sich die Tür auf, und das Licht ging an. Papa kam ins Bett. Er ging ein paar Schritte auf die Mitte des Zimmers zu. – »Nicht!« wollte Anna schreien – und dann fing es an, schwere Münzen zu regnen. Es schüttete von der Decke herunter auf Papas Kopf. Er schrie, aber die Münzen fielen immer weiter. Er sank unter dem Gewicht in die Knie, aber die Münzen fielen und fielen, bis er ganz darunter begraben war.

Das hatte Herr Zwirn sie also nicht wissen lassen wollen. Das war es, was die Nazis mit Papa machen wollten. Oder vielleicht hatten sie es, da es schon in der Zeitung stand, bereits getan. Sie lag da, starrte in die Dunkelheit, und ihr war ganz übel vor Angst. Im anderen Bett konnte sie Max ruhig und regelmäßig atmen hören. Sollte sie ihn wecken? Aber Max wurde nicht gern im Schlaf gestört – er würde wahrscheinlich nur böse sein und sagen, es wäre alles Unsinn.

Und vielleicht ist alles tatsächlich nur Unsinn, dachte sie, und ihr Herz wurde plötzlich leichter. Vielleicht würde sie am Morgen einsehen, daß es nur einer dieser dummen nächtlichen Angstträume war, die sie früher, als sie noch jünger war, gequält hatten – zum Beispiel als sie sich eingebildet hatte, das Haus brenne, oder das Herz würde ihr stillstehen. Am Morgen würde wie gewöhnlich die Postkarte von Mama und Papa kommen, und alles wird dann wieder gut.

Ja, aber dies war nichts, was sie sich eingebildet hatte. Es hatte in der Zeitung gestanden . . . Ihre Gedanken gingen immer im Kreis. Einen Augenblick schmiedete sie Pläne, daß sie aufstehen und einen Zug nach Paris nehmen wollte, um Papa zu warnen. Dann wieder fiel ihr ein, wie dumm sie Frau Zwirn vorkommen würde, wenn sie ihr dabei in die Hände lief. Schließlich mußte sie wieder eingeschlafen sein, denn plötzlich war es heller Tag, und Max war schon halb angezogen. Sie blieb noch einen Augenblick liegen, sie war sehr müde und spürte, wie die Gedanken der vergangenen Nacht wieder wach wurden. Aber jetzt, am hellen Morgen, kamen sie ihr doch unwirklich vor.

»Max?« fragte sie vorsichtig.

Max hatte ein offenes Schulbuch vor sich auf dem Tisch und blickte, während er Schuhe und Strümpfe anzog, gelegentlich hinein.

»Tut mir leid«, sagte Max. »Wir machen heute eine Lateinarbeit, und ich habe nicht geübt.« Er schaute wieder ins Buch, murmelte Verben und Zeitformen. Es war wohl auch nicht wichtig, dachte Anna. Es war schon alles in Ordnung.

Aber beim Frühstück war keine Postkarte von Mama und Papa da. »Was meinst du, warum sie nicht gekommen ist?« fragte sie Max.

»Postverzögerung«, sagte Max undeutlich mit vollem Mund. »Tschüss!« und er rannte davon, um den Zug nicht zu verpassen.
»Sie kommt bestimmt heute nachmittag«, sagte Herr Zwirn. Aber sie machte sich den ganzen Vormittag in der Schule Sorgen, saß da und kaute auf ihrem Bleistift herum, statt eine Beschreibung des Sonnenaufgangs in den Bergen niederzuschreiben.
»Was ist los mit dir?« fragte Herr Graupe. (Gewöhnlich schrieb sie die besten Aufsätze der Klasse.) »Es war so schön. Das Erlebnis hätte dich begeistern sollen.« Und er ging davon, persönlich gekränkt, weil sie seinen Sonnenaufgang nicht recht würdigte. Als sie aus der Schule kam, war keine Postkarte da, und bei der letzten Post um sieben war auch nichts. Es war das erste Mal, daß Mama und Papa nicht geschrieben hatten. Anna gelang es, während des Abendessens sich mit dem Gedanken an eine Postverzögerung zu trösten, aber als sie im Bett lag und das Licht gelöscht war, kamen die Schrecken der vergangenen Nacht mit solcher Gewalt zurückgeflutet, daß sie das Gefühl hatte, zu ersticken. Sie versuchte, sich daran zu erinnern, daß sie eine Jüdin war und keine Angst haben durfte, weil sonst die Nazis sagten, alle Juden seien feige – aber es hatte keinen Zweck. Sie sah immer wieder den Raum mit der seltsamen Decke und dem schrecklichen Münzenregen, der auf Papas Kopf herunterfiel. Obwohl sie die Augen schloß und den Kopf in den Kissen vergrub, konnte sie es sehen.
Sie mußte ein Geräusch von sich gegeben haben, denn plötzlich sagte Max: »Was ist denn los?«
»Nichts«, sagte Anna, aber noch als sie es aussprach, fühlte sie, daß etwas wie eine kleine Explosion sich aus ihrem Magen in die Kehle drängte, und plötzlich schluchzte sie: »Papa . . . Papa . . .«, und Max saß auf ihrem Bett und tätschelte ihren Arm.
»Oh, du Idiot!« sagte er, als sie ihm ihre Ängste erklärt hatte. »Weißt du denn nicht, was es heißt, einen Preis auf jemandes Kopf aussetzen?«
»Nein . . . Nicht das, was ich gemeint habe?« sagte Anna.
»Nein«, sagte Max. »Etwas ganz anderes, als was du gedacht

hast. Einen Preis auf jemandes Kopf aussetzen heißt, jemandem eine Belohnung versprechen, wenn er einen bestimmten Menschen fängt.«

»Da hast du es«, heulte Anna, »die Nazis versuchen, Papa zu fangen.«

»Nun, irgendwie schon«, sagte Max. »Aber Herr Zwirn hält es nicht für sehr ernst – sie können ja auch nichts machen, weil Papa nicht in Deutschland ist.«

»Glaubst du, es geht ihm gut?«

»Natürlich geht es ihm gut. Morgen früh haben wir eine Postkarte.«

»Aber wenn sie nun jemand nach Frankreich schicken, der ihn fangen soll – einen Kidnapper oder so einen?«

»Dann müßte die ganze französische Polizei Papa beschützen.« Max versuchte, einen französischen Akzent oder was er dafür hielt, zu imitieren. »Geh weck, bitteh. Is nisch erlaupt kidnäppeen in France. Wir hacken ab deinen Kopf mit Guillotine, nein?«

Er machte es so schlecht, daß Anna lachen mußte, und Max war über seinen Erfolg ganz überrascht.

»Schlaf jetzt lieber«, sagte er, und sie war so müde, daß sie es bald wirklich tat.

Am Morgen bekamen sie statt der Postkarte einen langen Brief. Mama und Papa hatten beschlossen, daß sie alle zusammen in Paris wohnen würden, und Papa würde kommen, um sie abzuholen.

»Papa«, sagte Anna, nachdem sich ihre erste Freude, ihn gesund und munter wiederzusehen, gelegt hatte, »Papa, ich habe mir ein bißchen Sorgen gemacht, als ich hörte, daß sie einen Preis auf deinen Kopf ausgesetzt haben.«

»Ich auch«, sagte Papa. »Sogar große Sorgen.«

»Wirklich?« fragte Anna überrascht. Papa war ihr immer so tapfer vorgekommen.

»Nun, es ist doch ein sehr niedriger Preis«, erklärte Papa. »Mit tausend Mark kann man heutzutage nicht viel anfangen. Man sollte doch denken, daß ich eine Menge mehr wert bin, meinst du nicht auch?«

»Doch«, sagte Anna. Ihr war schon viel froher zumute.
»Kein Kidnapper, der etwas auf sich hält, würde mich anrühren«, sagte Papa. Er schüttelte traurig den Kopf. »Ich hätte Lust, an Hitler zu schreiben und mich zu beklagen.«

12

Frau Zwirn packte die Sachen der Kinder. Sie sagten ihren Freunden und den Lehrern in der Schule auf Wiedersehen, und dann waren sie bereit, ihr neues Leben in Frankreich zu beginnen. Aber es war ganz anders, als von Berlin wegzugehen, wie Anna sagte, denn sie würden jederzeit zurückkommen und alle im Gasthaus Zwirn besuchen können, und Herr Zwirn hatte sie schon für den nächsten Sommer eingeladen.
Sie sollten in Paris in einer möblierten Etagenwohnung leben, die Mama gerade für sie vorbereitete. Wie sah sie aus? Max wollte es wissen. Papa dachte einen Augenblick nach. »Wenn man auf dem Balkon steht«, sagte er schließlich, »kann man gleichzeitig den Eiffelturm und den Triumphbogen sehen – das sind zwei berühmte Sehenswürdigkeiten in Paris.« Aber an etwas anderes schien er sich kaum erinnern zu können. Es ist schade, dachten die Kinder, daß Papa in praktischen Dingen manchmal so ungenau ist. Aber die Tatsache, daß die Wohnung einen Balkon hatte, hörte sich großartig an.
Die Reise nach Paris dauerte einen ganzen Tag, und beinahe wären sie gar nicht hingekommen. Bis Basel ging alles glatt, aber in Basel mußten sie umsteigen, weil Basel an der Grenze der Schweiz, Deutschlands und Frankreichs liegt. Sie kamen verspätet an und hatten nur noch ein paar Minuten, um den Anschlußzug nach Paris zu erreichen.
»Wir müssen uns beeilen«, sagte Papa, während der Zug in die Station einfuhr.
Glücklicherweise fanden sie sofort einen Träger. Er packte ihr Gepäck und warf es auf seinen Handkarren.
»Der Zug nach Paris! Schnell!« rief Papa, und der Gepäckträger galoppierte los und sie alle hinterdrein. Anna hatte Mühe,

den Gepäckträger im Auge zu behalten, während er sich durch die Menschenmenge wand, und Max und Papa waren schon dabei, ihm das Gepäck auf den anderen Zug heben zu helfen, als Anna sie einholte. Sie blieb einen Augenblick stehen und holte Atem. Der Zug mußte gleich abfahren, denn überall lehnten Leute aus den Fenstern und verabschiedeten sich von ihren Freunden auf dem Bahnsteig. Gleich neben ihr wäre ein junger Mann beinahe aus dem Zug gestürzt, weil er sich weit aus dem Fenster beugte, um seine Freundin noch einmal leidenschaftlich zu umarmen. »Nun geh jetzt«, sagte das Mädchen und drückte ihn in den Zug zurück. Als er sich aufrichtete, kam der untere Rand des Fensters in Sicht. Dahinter steckte ein Schild mit der Aufschrift STUTTGART.

»Papa«, schrie Anna gellend, »das ist der falsche Zug. Er fährt nach Deutschland!«

»Guter Gott!« sagte Papa. »Holt schnell das Gepäck raus!« Er und Max zerrten die Koffer heraus, so schnell sie konnten. Da hörten sie einen Pfiff.

»Laß nur«, rief Papa und riß Max zurück, obwohl noch ein Koffer im Zug geblieben war.

»Das ist unser Koffer«, schrie Max, »bitte geben Sie uns unseren Koffer!« Und in dem Augenblick, in dem sich der Zug in Bewegung setzte, schob ihn der junge Mann, der gerade seine Freundin verabschiedet hatte, auf den Bahnsteig hinaus. Er landete vor Annas Füßen, und da standen sie, mitten zwischen ihrem Gepäck und sahen den Zug aus der Station hinausdampfen.

»Ich habe Ihnen doch deutlich gesagt, zum Zug nach Paris!« sagte Papa und sah sich ärgerlich nach dem Gepäckträger um. Aber es war keine Spur von ihm zu entdecken. Er war verschwunden.

»Wenn wir in den Zug gestiegen wären, hätten wir dann noch aussteigen können, bevor wir nach Deutschland kämen?« fragte Anna.

»Möglicherweise«, sagte Papa. »Falls wir bemerkt hätten, daß wir im falschen Zug sitzen.« Er legte den Arm um ihre Schulter. »Jedenfalls bin ich sehr froh, daß du es gemerkt hast, bevor wir eingestiegen sind . . .«

Es dauerte einige Zeit, bis sie einen anderen Gepäckträger gefunden hatten, und Papa meinte, daß sie den Anschluß nach Paris verpaßt hätten, aber tatsächlich erreichten sie ihn noch rechtzeitig. Die Abfahrt des Zuges war wegen der Verspätung auf der Schweizer Linie verschoben worden. Seltsamerweise hatte der erste Gepäckträger davon nichts gewußt.
Als sie im Zug nach Frankreich saßen und auf seine Abfahrt warteten, sagte Max plötzlich: »Papa, glaubst du, daß uns der Gepäckträger absichtlich an den falschen Zug gebracht hat?«
»Ich weiß es nicht«, sagte Papa. »Es kann einfach ein Versehen gewesen sein.«
»Ich glaube nicht, daß es ein Versehen war«, sagte Max. »Ich glaube, er wollte die tausend Mark verdienen, die auf deinen Kopf stehen.«
Einen Augenblick saßen sie da und dachten darüber nach, was geschehen wäre, wenn sie nach Deutschland gefahren wären. Dann ertönte ein Pfiff, und der Zug ruckte an.
»Nun«, sagte Papa, »wenn dieser Gepäckträger wirklich die tausend Mark verdienen wollte, dann hat er ein schlechtes Geschäft gemacht. Ich habe keine Zeit gehabt, ihn zu bezahlen.« Er lächelte und lehnte sich in seinem Sitz zurück. »Und in ein paar Minuten werden wir – und das haben wir Anna zu verdanken – nicht in Deutschland, sondern in Frankreich sein. Und wir haben sogar – und das verdanken wir Max – all unser Gepäck.« Er hob in lächelnder Bewunderung die Hände. »Gott!« sagte Papa. »Was habe ich für begabte Kinder.«
Als sie in Paris ankamen, war es schon dunkel, und sie waren sehr müde. Anna hatte schon im Zug eine Veränderung bemerkt, nachdem dieser Basel verlassen hatte. Es waren immer mehr französische Stimmen zu hören gewesen, die schnell, scharf und unverständlich sprachen. Auch die Gerüche, die aus dem Speisewagen kamen, waren ungewohnt gewesen. Aber nun, als sie auf dem Bahnsteig in Paris stand, war sie überwältigt.
Sie war umgeben von Leuten, die schrien, einander begrüßten, redeten und lachten. Ihre Lippen bewegten sich rasch, ihre beweglichen Gesichter hielten mit den Lippen Schritt. Sie zuckten die Schultern, umarmten einander, schwenkten die Hände,

um zu unterstreichen, was sie sagten – und sie konnte kein Wort verstehen. Einen Augenblick lang fühlte sie sich verloren in dem gedämpften Licht, dem Lärm und dem Dampf, der aus der Lokomotive zurückschlug. Aber dann hatte Papa sie und Max in ein Taxi verfrachtet, und sie rasten durch die überfüllten Straßen.

Überall waren Lichter. Menschen spazierten über breite Bürgersteige, aßen und tranken hinter den verglasten Veranden der Cafés, lasen Zeitungen, betrachteten Schaufenster. Sie hatte ganz vergessen, wie es in einer großen Stadt aussah. Die Höhe der Gebäude überraschte sie und der Lärm. Während das Taxi durch den Verkehr kurvte, tauchten unbekannte Autos und Busse und farbige Leuchtschriften, die sie nicht entziffern konnte, aus der Dunkelheit auf und verschwanden wieder.

»Da ist der Eiffelturm«, rief Max – aber Anna drehte sich nicht schnell genug, um ihn zu sehen.

Dann fuhren sie um einen riesigen offenen Platz herum, in dessen Mitte ein von Licht überfluteter Torbogen stand. Überall waren Autos, und die meisten hupten.

»Das ist der Arc de Triomphe«, sagte Papa. »Wir sind beinahe da.«

Sie bogen in eine ruhigere Allee ein und dann in eine kleine, schmale Straße, und dann kam das Taxi plötzlich mit knirschenden Reifen zum Stehen.

Anna und Max standen in der Kälte vor einem hohen Haus, während Papa den Fahrer bezahlte. Dann öffnete er die Haustür und schob sie in den Hausflur, wo in einer Art Käfig mit verglaster Vorderseite eine Frau saß und döste. Sobald sie Papas ansichtig wurde, kam Leben in sie. Sie stürzte aus einer Tür in ihrem Käfig heraus, schüttelte ihm die Hand und redete dabei sehr schnell auf französisch. Dann, immer noch redend, schüttelte sie Max und Anna die Hand, und sie konnten, da sie nichts verstanden, nur matt zurücklächeln.

»Das ist Madame la Concierge«, sagte Papa. »Sie bewacht das Haus.«

Der Taxifahrer kam mit dem Gepäck herein, und Madame la Concierge half ihm, es durch eine schmale Tür zu schieben, die sie dann für Max und Anna aufhielt. Sie wollten ihren Augen nicht trauen.

»Papa«, sagte Max, »du hast uns nichts davon gesagt, daß es hier einen Aufzug gibt.«
»Das ist sehr, sehr schick«, sagte Anna.
Darüber mußte Papa lachen.
»So kann man es kaum nennen«, sagte er. Aber Anna und Max waren begeistert, auch als der Aufzug schrecklich knarrte und stöhnte, während er langsam zum obersten Stock hinauffuhr. Schließlich blieb er mit einem Knall und Erbeben stehen, und noch bevor sie ausgestiegen waren, flog eine Tür gegenüber auf, und da war Mama.
Anna und Max stürzten auf sie zu, und es entstand eine Riesenverwirrung, während sie sie herzte und beide versuchten, ihr alles zu erzählen, was sich seit ihrer Trennung ereignet hatte. Und dann kam Papa mit den Koffern und küßte Mama, und danach brachte die Concierge den Rest des Gepäcks, und plötzlich war die winzige Diele der Wohnung so mit Gepäckstücken vollgepfercht, daß niemand sich rühren konnte.
»Kommt ins Eßzimmer«, sagte Mama. Das war auch nicht viel größer als die Diele, aber der Tisch war zum Abendessen gedeckt, und es sah hell und einladend aus.
»Wo kann ich meinen Mantel aufhängen?« rief Papa aus der Diele.
»Hinter der Tür ist ein Haken!« rief Mama.
Max war mitten in einer wortreichen Beschreibung, wie sie beinahe in den falschen Zug gestiegen wären. Dann gab es einen Krach, als wäre jemand über irgend etwas gestolpert. Anna hörte Papas höfliche Stimme »guten Abend« sagen und der brenzlige Geruch, den Anna schon bei ihrer Ankunft bemerkt hatte, wurde intensiver.
Eine kleine düstere Gestalt erschien in der Türöffnung.
»Ihre Bratkartoffeln sind ganz schwarz geworden«, verkündete sie mit sichtlicher Genugtuung.
»Oh . . . Grete!« rief Mama. Dann sagte sie: »Dies ist Grete aus Österreich. Sie ist in Paris, um Französisch zu lernen, und wird mir bei der Hausarbeit helfen, wenn sie nicht studiert.«
Grete schüttelte Anna und Max mit düsterer Miene die Hand.
»Kannst du schon viel Französisch sprechen?« fragte Max.
»Nein«, sagte Grete. »Es ist eine sehr schwere Sprache. Man-

che Leute lernen sie nie.« Dann wandte sie sich an Mama: »Also, ich gehe jetzt ins Bett.«
»Aber Grete . . .« sagte Mama.
»Ich habe meiner Mutter versprochen, daß ich, egal was geschieht, immer genug schlafe«, sagte Grete, »ich habe das Gas unter den Kartoffeln abgedreht. Gute Nacht zusammen.« Und damit ging sie.
»Sowas!« sagte Mama. »Mit dem Mädchen kann man gar nichts anfangen! Aber jedenfalls ist es schön, daß wir bei unserer ersten Mahlzeit in Paris unter uns sein können. Ich zeige euch jetzt euer Zimmer, und ihr könnt euch einrichten, während ich neue Kartoffeln brate.«
Ihr Zimmer war in einem unangenehmen Gelb gestrichen, und auf den beiden Betten lagen gelbe Überdecken. In der Ecke stand ein Kleiderschrank. Dann gab es noch gelbe Vorhänge, einen gelben Lampenschirm und zwei Stühle, sonst nichts. Es wäre auch kein Platz für weitere Möbel gewesen, denn das Zimmer war, genau wie das Eßzimmer, sehr klein.
»Was ist draußen vor dem Fenster?« fragte Max.
Anna schaute hinaus. Es war nicht die Straße, wie sie erwartet hatte, sondern ein Innenhof, der ganz von Mauern und Fenstern eingeschlossen war. Es war wie ein Brunnenschacht. Von unten herauf kam ein blechernes Rappeln. Dort mochten wohl die Mülltonnen stehen, aber man konnte sie wegen der Höhe nicht sehen. Oben sah man nur die unregelmäßigen Umrisse von Dächern und den Himmel. Es war hier sehr anders als im Gasthaus Zwirn und auch ganz anders als in ihrem Berliner Haus.
Sie packten die Schlafanzüge und Zahnbürsten aus und bestimmten, welches gelbe Bett wem gehören sollte, und dann erkundeten sie die übrige Wohnung. Nebenan lag Papas Zimmer. Dort stand ein Bett, ein Schrank, ein Stuhl und ein Tisch mit Papas Schreibmaschine darauf, und die Fenster gingen auf die Straße hinaus. Von Papas Zimmer aus führte eine Verbindungstür in einen Raum, der wie ein kleines Wohnzimmer aussah, aber ein paar von Mamas Kleider lagen herum.
»Glaubst du, daß dies Mamas Zimmer ist?« fragte Anna.
»Es kann nicht sein – es ist kein Bett da«, sagte Max. Es war nur

ein Sofa vorhanden, ein Tischchen und zwei Sessel. Max sah sich das Sofa näher an.

»Es ist ein besonderes Sofa«, sagte er. »Sieh mal« – und er hob den Sitz ein wenig. In einem Hohlraum darunter lagen Bettücher, Decken und Kopfkissen. »Mama kann nachts darauf schlafen, und tagsüber kann sie es in ein Wohnzimmer verwandeln.«

»Das ist sehr praktisch«, sagte Anna, »es bedeutet, daß man das Zimmer doppelt benutzen kann.«

Es war gewiß notwendig, den Raum der Wohnung gut auszunutzen, denn sie war nicht groß. Sogar der Balkon, den sie sich nach Papas Erzählungen so großartig vorgestellt hatten, war nicht viel mehr als ein Wandbord, das von einem schmiedeeisernen Gitter umgeben war. Neben dem Speisezimmer, das sie schon gesehen hatten, gab es nur noch das winzige Zimmerchen, in dem Grete schlief, ein noch winzigeres Badezimmer und eine kleine viereckige Küche, in der sie Mama und Papa fanden.

Mama rührte aufgeregt und mit rotem Kopf in einem Topf herum. Papa lehnte sich gegen das Fenster. Er machte ein besorgtes und ärgerliches Gesicht, und die Kinder hörten ihn sagen: »Aber soviel Umstände werden doch nicht nötig sein.« Die Küche war voller Qualm.

»Natürlich sind sie nötig«, sagte Mama, »was sollen die Kinder denn essen?«

»Käse und ein Glas Wein«, sagte Papa, und die Kinder brachen in Gelächter aus, weil Mama rief: »Oh, du bist hoffnungslos unpraktisch!«

»Ich wußte gar nicht, daß du kochen kannst«, sagte Anna. Sie hatte Mama nie vorher in der Küche gesehen.

»In fünf Minuten ist es fertig«, rief Mama, und rührte aufgeregt. »Oh, meine Kartoffeln . . . !« Sie waren wieder drauf und dran anzubrennen. Sie konnte sie eben noch vom Feuer ziehen. »Ich mache Bratkartoffeln und Rühreier – ich dachte, das eßt ihr gerne.«

»Prima«, sagte Max.

»Also, wo ist die Schüssel . . . und Salz . . . oh!« rief Mama. »Ich muß noch mehr Kartoffeln braten!« Sie schaute Papa fle-

hend an. »Liebster, könntest du mir den Durchschlag reichen?«
»Was ist ein Durchschlag?« fragte Papa.
Bis das Essen auf dem Tisch stand, dauerte es noch eine Stunde. Anna war so müde, daß sie gar keinen Hunger mehr spürte. Aber sie wollte es Mama nicht sagen, weil sie sich solche Mühe gemacht hatte. Sie und Max aßen schnell ihr Abendbrot und fielen todmüde ins Bett.
Durch die dünnen Wände der Wohnung konnten sie das Gemurmel von Stimmen und Geschirrklappern hören. Mama und Papa räumten wohl den Tisch ab.
»Weißt du, es ist komisch«, sagte Anna, bevor sie einschlief, »ich weiß noch, als wir in Berlin wohnten, machte Heimpi uns oft Bratkartoffeln und Rührei. Sie sagte immer, es ginge so schnell und wäre keine Arbeit.«
»Ich glaube, Mama braucht noch Übung«, antwortete Max.

13

Als Anna am Morgen aufwachte, war es heller Tag. Durch einen Spalt in den gelben Vorhängen konnte sie ein Stück windigen Himmel über den Dächern sehen. Es roch nach Küche, und man hörte ein klickendes Geräusch, das sie zuerst nicht erkannte, aber dann merkte sie, daß Papa im Nebenzimmer tippte. Maxens Bett war leer. Sie stand auf und lief in die Diele, ohne sich erst anzuziehen. Mama und Grete mußten fleißig gewesen sein, denn alles Gepäck war verstaut, und durch die offene Tür konnte sie sehen, daß Mamas Bett wieder in ein Sofa verwandelt worden war. Dann erschien Mama selber aus dem Eßzimmer. »Da bist du ja, mein Liebes«, sagte sie. »Komm und iß etwas zum Frühstück, obgleich schon fast Mittagszeit ist.«
Max saß schon am Eßzimmertisch, trank Milchkaffee und brach Stücke von einem langen und unglaublich schmalen Brot.
»Es wird ›baguette‹ genannt«, erklärte Mama, »das bedeutet Stock.« Und so sah es auch aus.

Anna versuchte ein Stück und fand es köstlich. Auch der Kaffee war gut. Auf dem Tisch lag ein rotes Wachstuch, auf dem das Geschirr sehr hübsch aussah, und im Zimmer war es trotz des windigen Novemberwetters, das draußen herrschte, warm.
»Es ist schön hier«, sagte Anna, »im Gasthof Zwirn hätten wir nicht im Schlafanzug frühstücken können.«
»Es ist ein bißchen eng«, sagte Mama, »aber wir werden uns einrichten.«
Max streckte sich und gähnte. »Es ist schön, wieder eine eigene Wohnung zu haben.«
Es gab noch etwas Schönes. Anna wußte zuerst nicht, was es war. Sie betrachtete Mama, wie sie Kaffee eingoß, und Max, der seinen Stuhl nach hinten kippte, was man ihm schon tausendmal verboten hatte. Dann fiel es ihr ein.
»Es ist mir wirklich ganz gleich, wo wir sind«, sagte sie, »solange wir nur alle zusammen sind.«
Am Nachmittag ging Papa mit ihnen aus. Sie fuhren mit der Untergrundbahn, die hier Metro genannt wurde und eigenartig roch. Papa sagte, es sei ein Gemisch aus Knoblauch und französischen Zigaretten, und Anna gefiel der Geruch. Sie besichtigten den Eiffelturm (stiegen aber nicht hinauf, weil das zuviel gekostet hätte) und die Stelle, wo Napoleon begraben war, und zuletzt den Triumphbogen, der ganz nahe an ihrem Haus lag. Es wurde schon spät, aber Max entdeckte, daß man auch hier hinaufsteigen konnte, und daß es ganz billig war, wahrscheinlich weil es nicht so hoch war wie der Eiffelturm – sie stiegen also hinauf. Niemand sonst wollte an diesem kalten dunklen Nachmittag den Arc de Triomphe besteigen. Als Anna auf das Dach hinaustrat, trieb ihr ein eisiger Windstoß Regentropfen ins Gesicht, und sie war nicht sicher, ob es ein guter Einfall gewesen war, hierher zu kommen. Dann blickte sie nach unten. Es war, als stände sie im Mittelpunkt eines riesigen funkelnden Sterns. Seine Strahlen gingen in alle Richtungen, und jeder Strahl war eine von Lichtern gesäumte Straße. Als sie genauer hinsah, konnte sie andere Lichter erkennen, welche von Autos und Bussen kamen, die die Straßen entlangkrochen und unmittelbar unter ihnen einen strahlenden Ring um den Arc de Triomphe selbst bildeten. In der Entfernung erkannte

sie die undeutlichen Umrisse von Kuppeln und Türmen und einen blinkenden Punkt, der die Spitze des Eiffelturms war.
»Ist das nicht schön?« fragte Papa. »Ist das keine schöne Stadt?« Anna schaute Papa an. An seinem Mantel fehlte ein Knopf, und der Wind blies hinein, aber Papa schien es nicht zu bemerken.
»Wunderschön«, sagte Anna.

Es war angenehm, wieder in die warme Wohnung zu kommen, und diesmal hatte Grete Mama mit dem Abendessen geholfen, und es war rechtzeitig fertig.
»Habt ihr schon ein bißchen Französisch gelernt?« fragte Mama.
»Natürlich nicht«, sagte Grete, bevor sonst jemand antworten konnte, »es dauert Monate.«
Aber Anna und Max fanden, daß sie schon eine ganze Reihe Wörter aufgeschnappt hatten, indem sie Papa und den anderen Leuten zuhörten. Sie konnten »oui« und »non« sagen und »merci« und »au revoir« und »bonsoir Madame«, und Max war besonders stolz auf »trois billets s'il vous plaît«. Das hatte Papa gesagt, als er Fahrscheine für die Metro kaufte.
»Nun, ihr werdet bald viel mehr können«, sagte Mama. »Ich habe mit einer Dame abgemacht, daß sie herkommt und euch Französischstunden gibt, und morgen nachmittag fängt sie an.«
Die Dame hieß Mademoiselle Martel, und am folgenden Morgen suchten Anna und Max alles zusammen, was sie für die Stunde brauchen würden. Papa lieh ihnen ein altes französisches Wörterbuch, und Mama brachte Papier, auf dem sie schreiben konnten. Das einzige, was keiner finden konnte, war ein Bleistift.
»Ihr werdet einen Bleistift kaufen müssen«, sagte Mama, »an der Straßenecke ist ein Laden.«
»Aber wir können nicht französisch sprechen«, rief Anna.
»Unsinn«, sagte Mama, »nehmt das Wörterbuch mit. Ich gebe euch jedem einen Franc, und das Wechselgeld könnt ihr behalten.«
»Wie heißt Bleistift auf französisch?«

»Un crayon«, sagte Mama. Ihre Stimme klang nicht so französisch wie Papas Stimme, aber sie kannte eine Menge Wörter. »Jetzt ab mit euch – schnell!«
Nachdem sie ganz allein mit dem Lift nach unten gefahren waren, fühlte sich Anna ganz unternehmungslustig, und ihr Mut verließ sie auch nicht, als sich herausstellte, daß der Laden sehr elegant war und eigentlich mehr Büroartikel als Schreibwaren verkaufte. Mit dem Wörterbuch unter dem Arm marschierte sie vor Max her durch die Tür und sagte mit lauter Stimme: »Bonsoir, Madame!«
Der Eigentümer des Ladens machte ein erstauntes Gesicht, und Max stieß sie an.
»Das ist keine Madame – das ist ein Monsieur«, flüsterte er, »und ich glaube, bonsoir heißt guten Abend.«
»Oh«, sagte Anna.
Aber dem Mann, dem der Laden gehörte, schien es nichts auszumachen. Er lächelte und sagte etwas auf französisch, das sie nicht verstehen konnten. Sie lächelten zurück.
Dann sagte Anna mutig: »Un crayon«, und Max fügte hinzu: »s'il vous plaît.«
Der Mann lächelte wieder, suchte in einem Karton hinter der Theke und brachte einen schönen roten Bleistift zum Vorschein, den er Anna reichte.
Sie war über ihren Erfolg so überrascht, daß sie »merci« zu sagen vergaß und nur einfach mit dem Bleistift in der Hand stehenblieb. Das war aber leicht!
Dann sagte Max: »Un crayon«, denn er brauchte auch einen.
»Oui, oui«, sagte der Mann lächelnd und nickend und wies auf den Bleistift in Annas Hand. Er stimmte mit Max überein, daß dies ein Bleistift war.
»Non«, sagte Max, »un crayon!« Er suchte nach einem Weg, es zu erklären. »Un crayon«, rief er und wies auf sich selbst, »un crayon!«
Anna kicherte, denn es sah so aus, als wollte Max sich vorstellen. »Ah«, sagte der Mann. Er nahm noch einen Bleistift aus der Schachtel und reichte ihn Max mit einer kleinen Verbeugung. »Merci«, sagte Max erleichtert. Er gab dem Mann die beiden Francs und wartete auf das Wechselgeld. Es sah so aus,

als würden sie nichts herausbekommen. Anna war enttäuscht. Es wäre nett gewesen, ein wenig Geld zu besitzen.
»Wir wollen ihn fragen, ob er keine anderen Bleistifte hat«, flüsterte sie, »vielleicht gibt es billigere.«
»Das können wir nicht«, sagte Max.
»Laß es uns doch versuchen«, sagte Anna, die sehr hartnäckig sein konnte. »Sieh nach, was ›anders‹ auf französisch heißt.«
Max blätterte im Wörterbuch, während der Mann ihn interessiert beobachtete. Schließlich hatte er es gefunden. »Es heißt ›autre‹«, sagte er.
Anna lächelte strahlend und hielt ihren Bleistift dem Mann hin: »Un autre crayon?« sagte sie.
»Oui, oui«, sagte der Mann nach kurzem Zögern. Dann gab er ihr einen anderen Bleistift aus der Schachtel. Jetzt hatte sie zwei. »Non«, sagte Anna und gab ihm den Bleistift wieder zurück.
Sein Lächeln wurde ein bißchen frostig. »Un autre crayon . . .« Sie machte ein Gesicht und zeigte mit ihren Fingern, um etwas sehr kleines und unbedeutendes anzuzeigen. Der Mann starrte sie an und wartete, ob sie noch etwas anderes tun würde. Dann zuckte er mit den Schultern und sagte etwas auf französisch, das hoffnungslos klang.
»Komm«, sagte Max, der rot vor Verlegenheit war.
»Nein«, sagte Anna. »Gib mir das Wörterbuch!« Sie blätterte fieberhaft. Schließlich hatte sie es gefunden. Billig . . . bon marché.
»Un bon marché crayon!« rief sie triumphierend und schreckte zwei Damen auf, die gerade eine Schreibmaschine prüften. »Un bon marché crayon, s'il vous plaît.«
Der Mann sah erschöpft aus. Er holte eine andere Schachtel und zog einen dünneren blauen Bleistift heraus. Er reichte ihn Anna, die nickte und ihm den roten zurückgab. Dann gab ihr der Mann zwanzig Centimes zurück. Er blickte Max fragend an.
»Oui«, sagte Anna aufgeregt, »un autre bon marché crayon!« und die Prozedur wurde mit Maxens Bleistift wiederholt.
»Merci«, sagte Max.
Der Mann nickte nur. Er machte einen erschöpften Eindruck.

»Wir haben jeder zwanzig Centimes«, sagte Anna. »Denk dir nur, was wir uns dafür kaufen können!«
»Ich glaube, es ist nicht viel«, sagte Max.
»Aber es ist besser als nichts«, sagte Anna. Sie wollte dem Mann zeigen, daß sie dankbar war und sagte: »Bonsoir, Madame.«

Mademoiselle Martel kam am Nachmittag. Eine französische Dame in einem netten grauen Kostüm und mit einem struppigen pfeffer-und-salz-farbenen Haarknoten. Sie war Lehrerin gewesen und sprach ein wenig Deutsch, eine Tatsache, die bis dahin niemanden interessiert hatte. Aber nun war Paris plötzlich von Flüchtlingen vor Hitler überflutet, die alle Französisch lernen wollten, und sie lief sich die Füße wund, um ihnen allen Stunden zu geben. Vielleicht, so dachte Anna, war dies auch der Grund für den ständigen Ausdruck milder Überraschung auf ihrem etwas verblühten Gesicht.
Sie war eine sehr gute Lehrerin. Sie sprach von Anfang an fast nur Französisch mit den Kindern, benutzte dazu die Zeichensprache und Mimik, wenn sie sie nicht gleich verstanden.
»Le nez«, sagte sie zum Beispiel und wies auf ihre gut gepuderte Nase, »le main«, sie wies auf ihre Hand, und »les doigts«, sie wackelte mit den Fingern. Dann schrieb sie die Wörter auf, und sie übten, sie zu buchstabieren und auszusprechen, bis sie sie kannten. Gelegentlich gab es ein Mißverständnis, zum Beispiel sagte sie »les cheveux«, und zeigte auf ihr Haar. Max war überzeugt, daß »cheveux« Knoten bedeutete und brach in verlegenes Gekicher aus, als sie ihn aufforderte, seine eigenen »cheveux« zu zeigen.
An den Tagen, an denen sie nicht kam, um ihnen Unterricht zu geben, machten sie Hausaufgaben. Zuerst lernten sie nur neue Wörter, aber nach kurzer Zeit verlangte Mademoiselle Martel, daß sie kleine Geschichten auf französisch schrieben.
»Das geht nicht«, sagte Anna, »wir können doch noch nicht genug französisch.«
Mademoiselle tippte auf das Wörterbuch. »Le dictionnaire«, sagte sie bestimmt.
Es wurde ein harter Kampf. Sie mußten beinahe jedes Wort nachsehen, und Anna brauchte fast den ganzen Morgen, um

eine halbe Seite zu schreiben. Als sie es dann Mademoiselle Martel beim nächsten Unterricht zeigte, war fast alles falsch.
»Mach dir nichts draus, es wird schon werden«, sagte Mademoiselle Martel bei einem ihrer seltenen Ausflüge ins Deutsche, und Max neckte Anna am folgenden Tag: »Mach dir nichts draus, es wird schon werden«, als sie länger als eine Stunde kämpfte, um eine langweilige Begebenheit zwischen einem Hund und einer Katze zu schildern.
»Und was ist mit dir? Du hast deinen Aufsatz auch noch nicht«, sagte Anna böse.
»Doch«, sagte Max, »ich habe schon über eine Seite.«
»Das glaube ich nicht.«
»Dann sieh doch selbst.«
Es stimmte. Er hatte mehr als eine Seite geschrieben, und es sah alles französisch aus.
»Was bedeutet es denn?« fragte Anna mißtrauisch.
Max übersetzte schwungvoll.
»Ein Junge hatte einmal Geburtstag. Viele Leute kamen. Sie hatten ein großes Festmahl. Sie aßen Fisch, Fleisch, Butter, Brot, Eier, Zucker, Erdbeeren, Hummer, Eis, Tomaten, Mehl . . .«
»Mehl können sie doch nicht essen«, sagte Anna.
»Du weißt doch nicht, was sie gegessen haben«, sagte Max, »übrigens weiß ich auch nicht, ob das Wort Mehl heißt. Ich hab es nachgesehen, hab es aber wieder vergessen.«
»Ist dies hier die Liste von dem, was sie aßen?« fragte Anna und wies auf die Seite, auf der es von Kommas wimmelte.
»Ja«, sagte Max.
»Und was heißt das letzte Stück?« Am Ende stand ein Satz, der kein Komma enthielt.
»Das ist der beste Teil«, sagte Max stolz, »ich glaube, es heißt ›dann sind sie alle geplatzt!‹«
Mademoiselle Martel las Maxens Aufsatz, ohne mit der Wimper zu zucken. Sie sagte, sie könne sehen, daß er sein Vokabular erweitert habe. Aber sie war weniger erfreut, als er zum nächsten Mal einen Aufsatz vorwies, der fast gleichlautend war. Dieser fing an: »Es war einmal eine Hochzeit . . .«, und das Essen, das die Hochzeitsgäste bekamen, war nur wenig an-

ders als im ersten Aufsatz, aber es endete wieder damit, daß alle platzten. Mademoiselle Martel zog die Stirn kraus und trommelte mit den Fingern auf dem Wörterbuch. Dann sagte sie Max sehr ernst, das nächste Mal müsse er etwas anderes schreiben.

Am nächsten Morgen saßen die Kinder wie gewöhnlich am Eßzimmertisch und hatten die Bücher auf dem roten Wachstuch ausgebreitet. Anna quälte sich mit einer Geschichte von einem Mann, der ein Pferd und eine Katze besaß. Der Mann liebte die Katze, und die Katze liebte das Pferd, und das Pferd liebte den Mann, aber es liebte die Katze nicht . . . Es war zu wahnwitzig, was dabei herauskam, wo sie doch soviel Interessantes hätte schreiben können, wenn es nur hätte auf Deutsch sein dürfen. Max schrieb überhaupt nicht, sondern starrte in die Luft. Als Grete hereinkam und sagte, sie müßten jetzt ihre Sachen wegräumen, weil sie den Tisch für das Mittagessen dekken wolle, war sein Blatt Papier noch ganz weiß.

»Aber es ist erst zwölf Uhr«, rief Anna.

»Später habe ich keine Zeit«, sagte Grete schlecht gelaunt wie gewöhnlich.

»Aber wir können doch nirgendwo anders arbeiten – dies ist der einzige Tisch«, sagte Max – und er überredete sie mit Mühe, ihnen den Tisch noch ein wenig zu lassen.

»Was willst du tun?« fragte Anna. »Wir wollen doch heute nachmittag ausgehen.«

Max schien zu einem Entschluß zu kommen. »Gib mir das Wörterbuch«, sagte er.

Und er blätterte es munter durch (sie hatten beide jetzt Übung darin) und Anna hörte ihn leise »Begräbnis« murmeln.

Als Mademoiselle Martel zur nächsten Stunde kam, las sie schweigend Maxens Aufsatz. Max hatt sein bestes getan, sein Grundthema zu variieren. Die Trauergäste in seiner Geschichte – wie es schien, von Kummer gebeugt – aßen Papier, Pfeffer, Pinguine, Pemmikan und Pfirsiche – außer einigen weniger exotischen Speisen, und dem bisherigen Schlußsatz, daß alle platzten, hatte er noch hinzugefügt: »So gab es noch viele andere Beerdigungen.«

Mademoiselle Martel sagte einige Augenblicke lang überhaupt

nichts. Dann sah sie Max fest und streng an und sagte: »Junger Mann, du brauchst eine Veränderung.«
Als Mama zum Schluß der Stunde hereinkam, wie sie es oft tat, um zu fragen, wie die Kinder weiterkämen, hielt Mademoiselle eine kleine Rede. Sie sagte, sie habe die Kinder jetzt drei Wochen lang unterrichtet, und sie machten gute Fortschritte. Aber es wäre jetzt die Zeit gekommen, wo sie mehr lernen würden, wenn sie mit anderen Kindern zusammenkämen und nur Französisch in ihrer Umgebung hörten.
Mama nickte. Es war klar, daß sie das gleiche gedacht hatte. »Es ist beinahe Weihnachten«, sagte sie. »Vielleicht geben Sie ihnen noch ein paar Stunden vor den Ferien, und dann können sie in die Schule gehen.«
Sogar Max arbeitete während der noch verbleibenden Zeit fleißig. Die Aussicht, in eine Schule zu gehen, wo nur französisch gesprochen wurde, war ziemlich unheimlich.
Und dann kam Weihnachten heran. Grete fuhr ein paar Tage vorher auf Urlaub nach Österreich, und da Mama mit Kochen voll beschäftigt war, wurde die Wohnung bald ziemlich staubig. Aber es war so viel schöner ohne Gretes knurrige Gegenwart, daß es niemand bedauerte. Anna freute sich auf Weihnachten und hatte gleichzeitig Angst davor. Sie freute sich darauf, denn man konnte nicht anders, als sich auf Weihnachten freuen, aber sie hatte auch schreckliche Angst, sie würde an Berlin denken müssen, und wie es dort zu Weihnachten immer gewesen war. »Glaubst du, daß wir einen Baum haben werden?« fragte sie Max. In Berlin hatte immer ein großer Baum in der Diele gestanden, und eine der Weihnachtsfreuden war es gewesen, die vielen bunten Glaskugeln, die Vögel mit den Federschwänzen und die Trompeten, auf denen man richtig blasen konnte, wiederzuerkennen, wenn sie jedes Jahr am Weihnachtsbaum erschienen. »Ich glaube nicht, daß die Franzosen viel auf Weihnachtsbäume geben«, sagte Max.
Trotzdem gelang es Mama, einen Baum zu besorgen. Als Papa die Kinder am frühen Weihnachtsabend zur Feier rief und sie ins Eßzimmer stürzten, war er das erste, was Anna sah. Es war nur ein kleiner Baum – etwa fünfzig Zentimeter hoch – und statt des Glasschmucks hatte Mama ihn mit Lametta behängt

und mit Kerzchen besteckt. Aber er sah so hübsch aus, leuchtend grün und silbern auf dem roten Wachstuch des Tisches, daß Anna plötzlich wußte, Weihnachten würde in Ordnung sein.
Die Geschenke waren, verglichen mit den vergangenen Jahren, bescheiden, aber weil man sie jetzt nötiger hatte, freute man sich genauso. Anna bekam einen neuen Malkasten und Max eine Füllfeder. Omama hatte etwas Geld geschickt, und Mama hatte Anna von ihrem Anteil neue Schuhe gekauft. Anna hatte sie im Geschäft anprobieren müssen, darum war es keine Überraschung – aber Mama hatte sie gleich nach dem Kauf versteckt, so daß sie zu Weihnachten noch neu waren. Sie waren aus dickem braunen Leder mit Goldschnallen, und Anna kam sich großartig darin vor. Sie bekam auch einen Bleistiftanspitzer in einer kleinen Dose und ein Paar handgestrickte rote Strümpfe von Frau Zwirn. Und als sie glaubte, sie hätte alle ihre Geschenke gesehen, fand sie noch eins – ein sehr kleines Päckchen von Onkel Julius.
Anna machte es vorsichtig auf und stieß einen entzückten Schrei aus. »Wie schön!« rief sie. »Was ist das?«
Im Seidenpapier lag ein kurzes Silberkettchen, an dem winzige Tiere hingen. Da waren ein Löwe, ein Pferd, eine Katze, ein Vogel, ein Elefant und natürlich ein Affe.
»Es ist ein Amulettarmband«, sagte Mama und befestigte es um Annas Handgelenk. »Wie nett von Julius.«
»Es ist auch ein Brief dabei«, sagte Max und reichte ihn Anna. Anna las ihn laut vor.
»Liebe Anna«, stand da, »ich hoffe, dieses kleine Geschenk wird Dich an unsere vielen Besuche im Berliner Zoo erinnern. Ohne Dich ist es dort gar nicht mehr so schön. Bitte grüße Deine liebe Tante Alice. Ich hoffe, es geht ihr gut. Sag ihr, daß ich oft an sie denke, und an ihren guten Rat, den ich vielleicht hätte befolgen sollen. Viele Grüße an Euch alle. Dein Onkel Julius.«
»Was soll das heißen?« fragte Anna. »Wir haben doch keine Tante Alice.«
Papa nahm ihr den Brief aus der Hand. »Ich glaube, er meint mich«, sagte er. »Er nennt mich Tante Alice, weil die Nazis die

Briefe oft öffnen, und er könnte in Schwierigkeiten kommen, wenn sie wüßten, daß er mir schreibt.«
»Was für einen Rat hast du ihm denn gegeben?« fragte Max.
»Ich habe ihm geraten, Deutschland zu verlassen«, sagte Papa und fügte leise hinzu: »Armer Julius.«
»Ich will ihm schreiben und ihm danken«, rief Anna, »und ich werde ihm mit meinem neuen Farbkasten ein Bild malen.«
»Ja«, sagte Papa, »und schreib ihm, daß Tante Alice grüßen läßt.«
Dann stieß Mama plötzlich einen Schrei aus, woran sie inzwischen gewöhnt waren.
»Mein Hühnchen!« schrie sie und stürzte in die Küche. Aber es war nicht verbrannt, und bald setzten sie sich zu einem richtigen Weihnachtsessen, das Mama ganz allein gekocht hatte. Außer dem Hühnchen gab es Röstkartoffeln und Möhren und hinterher Apfeltorte mit Sahne. Mama war dabei, eine ganz gute Köchin zu werden. Sie hatte sogar Lebkuchenherzen gebacken, denn die gehören zu einem richtigen deutschen Weihnachten. Irgend etwas stimmte daran nicht ganz, denn sie waren weich geworden, statt hart und knusprig zu bleiben, aber sie schmeckten doch ganz gut.
Am Ende der Mahlzeit goß Papa allen ein wenig Wein ein, und sie tranken sich zu.
»Auf unser neues Leben in Frankreich!« sagte er, und alle wiederholten: »Auf unser neues Leben in Frankreich.«
Mama trank den Wein nicht richtig, denn sie sagte, er schmecke wie Tinte, aber Anna schmeckte er, und sie trank ein ganzes Glas. Als sie endlich ins Bett ging, war ihr ganz wirr im Kopf, und sie mußte die Augen schließen, weil sich der gelbe Lampenschirm und der Schrank drehten
»Das war ein schönes Weihnachten«, dachte sie. Und bald würde sie in die Schule gehen und erfahren, wie das Leben in Frankreich wirklich war.

14

Anna ging nicht so bald zur Schule, wie sie erwartet hatte. Mama hatte Max in einem Lycée für Jungen für Anfang Januar angemeldet – ein Lycée war eine französische höhere Schule – aber es gab nur sehr wenige Lycées für Mädchen in Paris, und diese waren alle überfüllt, und es gab lange Wartelisten.

»Wir können uns eine Privatschule nicht leisten«, sagte Mama, »und ich glaube nicht, daß es richtig wäre, dich in eine école communale zu schicken.«

»Warum nicht?« fragte Anna.

»Diese Schulen sind für Kinder, die die Schule sehr früh verlassen, und ich glaube nicht, daß der Unterricht dort gut ist«, sagte Mama. »Zum Beispiel würdest du dort kein Latein lernen.«

»Ich brauche doch kein Latein zu lernen«, sagte Anna, »ich werde genug damit zu tun haben, Französisch zu lernen. Ich möchte einfach gern zur Schule gehen.«

Aber Mama sagte: »Es hat keine Eile. Gib mir ein wenig Zeit, mich umzuhören.«

Max ging also zur Schule, und Anna blieb zu Hause. Die Schule, die Max besuchte, lag fast auf der anderen Seite von Paris. Er mußte morgens früh die Metro nehmen und kam erst nach fünf zurück. Mama hatte diese Schule gewählt, weil die Jungen dort zweimal in der Woche Fußball spielten. In den meisten französischen Schulen fand sich keine Zeit um Sport zu treiben – es gab nur Arbeit.

Am ersten Tag schien die Wohnung öde und leer ohne Max. Am Morgen ging Anna mit Mama einkaufen. Das Wetter war sonnig und kalt, und Anna war im vergangenen Sommer so sehr gewachsen, daß zwischen dem oberen Rand ihrer gestrickten Strümpfe und dem Saum ihres Wintermantels eine breite Lücke klaffte. Mama betrachtete die Gänsehaut auf Annas Beinen und seufzte.

»Ich weiß nicht, was wir mit deinen Kleidern machen sollen«, sagte sie.

»Es geht schon«, sagte Anna. »Ich habe ja den Pullover an, den du mir gestrickt hast.«

Dieser Pullover war, dank Mamas seltsamer Stricktechnik, zu einem großen, dicken und dichten Kleidungsstück geworden, durch das keine Kälte durchdrang, es war ein sehr nützlicher Pullover. Die Tatsache, daß nur ein paar Zentimeter von Annas Rock darunter hervorkamen, schien unwichtig.

»Also, wenn es dir wirklich warm genug ist, wollen wir zum Markt gehen«, sagte Mama, »dort ist alles billiger.«

Der Markt war ziemlich weit entfernt, und Anna trug Mamas Einkaufsnetz durch eine Reihe von gewundenen Gassen, bis sie endlich auf eine breite, von Menschen wimmelnde Straße kamen, die rechts und links von Buden und Ständen gesäumt war. Die Stände verkauften alles von Kurzwaren bis zu Gemüse, und Mama bestand darauf, alle zu sehen, bevor sie etwas kauften, damit sie auch für ihr Geld das Beste bekamen.

Die Eigentümer der Stände und Läden riefen ihre Waren aus und hielten sie den Leuten hin, und manchmal war es für Mama und Anna schwer, weiterzugehen, während Zwiebeln und schöne, sauber geschrubbte Möhren ihnen vor die Nase gehalten wurden. Manche Läden hatten nur spezielle Waren. Einer verkaufte nichts als Käse, es mußten mindestens dreißig verschiedene Sorten sein, die alle sorgfältig in Mull eingehüllt waren und auf einem Brett auf Böcken auf dem Bürgersteig zur Schau gestellt wurden.

Plötzlich, gerade als Mama einen Rotkohl kaufen wollte, hörte Anna, wie eine fremde französische Stimme sie ansprach. Sie gehörte einer Dame in einem grünen Mantel. Sie trug eine mit Waren vollgestopfte Tasche und lächelte Anna aus freundlichen braunen Augen an. Mama, die immer noch an den Kohl dachte, erkannte sie zuerst nicht. Dann rief sie erfreut: »Madame Fernand!« und sie schüttelten sich die Hand.

Madame Fernand konnte überhaupt kein Deutsch, aber sie und Mama sprachen zusammen französisch. Anna bemerkte, daß, obgleich Mamas Stimme immer noch nicht sehr französisch klang, sie doch flüssiger sprach als bei ihrer Ankunft. Dann fragte Madame Fernand Anna, ob sie schon französisch sprechen könne, sie sprach die Worte so langsam und klar aus, daß Anna sie verstehen konnte.

»Ein wenig«, sagte Anna, und Madame Fernand klatschte in

die Hände und rief: »Sehr gut!« und sagte, sie habe einen perfekten französischen Akzent.
Mama hielt immer noch den Rotkohl in der Hand, den sie hatte kaufen wollen, und Madame Fernand nahm ihn ihr sanft aus der Hand und legte ihn auf den Tisch zurück. Dann führte sie Mama um eine Ecke zu einem anderen Stand, den sie übersehen haben mußten und der viel schönere Rotkohlköpfe für weniger Geld hatte. Von Madame Fernand gedrängt, kaufte Mama nicht nur den Rotkohl, sondern auch noch eine ganze Menge anderes Gemüse und Obst, und bevor Madame Fernand sich verabschiedete, reichte sie Anna eine Banane, »um dich auf dem Heimweg zu stärken«, wie Mama ihr übersetzte.
Mama und Anna wurden von diesem Zusammentreffen sehr aufgemuntert. Mama hatte Madame Fernand und ihren Mann, der Journalist war, kennengelernt, als sie zuerst mit Papa nach Paris gekommen war, und beide hatten ihr sehr gefallen. Nun hatte Madame Fernand sie gebeten, sie anzurufen, wenn sie irgendwelche Hilfe oder Rat brauchte. Ihr Mann mußte für ein paar Wochen verreisen, aber sobald er zurück war, sollten Mama und Papa zu ihnen zum Essen kommen. Mama schien von dieser Aussicht sehr erfreut. »Es sind so nette Menschen«, sagte sie, »und es wäre schön, in Paris Freunde zu haben.«
Sie beendeten ihre Einkäufe und brachten alles nach Hause. Anna sagte »Bonjour Madame« zur Concierge und hoffte, sie würde ihren perfekten französischen Akzent bemerken, und plauderte im Lift fröhlich mit Mama. Aber als sie die Wohnung betraten, fiel ihr ein, daß Max in der Schule war, und alles war plötzlich wieder grau. Sie half Mama, die Waren auszupacken, aber danach wußte sie nicht, was sie tun sollte.
Grete wusch im Badezimmer ein paar Sachen aus, und einen Augenblick lang dachte Anna daran, zu ihr zu gehen und mit ihr zu plaudern. Aber seit sie in Österreich in Ferien gewesen war, war Grete knurriger denn je. Sie fand alles in Frankreich gräßlich. Die Sprache sei unmöglich, die Leute wären schmutzig, das Essen sei zu schwer – nichts paßte ihr. Während sie zu Hause war, hatte sie ihrer Mutter noch weitere Versprechungen machen müssen. Außer, daß sie immer genug Schlaf haben mußte, hatte Grete ihrer Mutter versprochen, ihren Rük-

ken zu schonen, was bedeutete, daß sie die Böden nur sehr langsam putzen konnte. Und in den Ecken putzte sie überhaupt nicht, weil sie ihre Handgelenke nicht überanstrengen durfte. Sie hatte auch versprochen, gut zu Mittag zu essen, sich auszuruhen, wenn sie müde war und sich nicht zu erkälten.
Grete war sehr darauf bedacht, alle diese Versprechen zu halten, die immer wieder durch die Ansprüche Mamas und der anderen Familienmitglieder gefährdet wurden, und sie tauchten in ihrer Unterhaltung mindestens so oft auf wie ihre Mißbilligung der Franzosen.
Anna hatte das Gefühl, sie in diesem Augenblick nicht ertragen zu können, sie schlenderte also zurück zu Mama in die Küche und sagte: »Was soll ich tun?«
»Du könntest etwas französisch lesen«, sagte Mama.
Mademoiselle hatte ein Geschichtenbuch für Anna dagelassen, und sie setzte sich damit an den Eßzimmertisch und gab sich damit ab. Aber es war für Kinder bestimmt, die viel jünger waren als sie, und es war traurig, dazusitzen und sich mit dem Wörterbuch abzumühen, nur um zu entdecken, daß Pierre mit einem Stock nach seiner Schwester geworfen und daß ihn seine Mutter einen unartigen Jungen genannt hatte.
Das Mittagessen war eine Erlösung, und Anna half den Tisch decken und nachher wieder abtragen. Dann malte sie ein bißchen, aber die Zeit verging furchtbar langsam, bis schließlich, lange nach fünf Uhr, die Schelle klingelte und Maxens Rückkehr ankündigte. Anna stürzte zur Tür, um ihn einzulassen und fand Mama schon dort.
»Nun, wie war es?« rief Mama.
»Ganz gut«, sagte Max, aber er sah blaß und müde aus.
»Ist es nicht schön?« fragte Anna.
»Wie soll ich das wissen?« fragte Max böse. »Ich verstehe kein Wort von dem, was sie sagen.«
Er war für den Rest des Abends schweigsam und mürrisch. Erst nach dem Essen sagte er zu Mama: »Ich muß eine richtige französische Mappe haben.« Er versetzte dem deutschen Ranzen, den er sonst auf dem Rücken trug, eine Tritt. »Wenn ich weiter damit herumlaufe, dann sehe ich auch noch anders aus als alle anderen.«

Anna wußte, daß Schulmappen teuer waren, und unwillkürlich sagte sie: »Aber deinen Ranzen hast du erst voriges Jahr bekommen.«
»Was geht das dich an«, schrie Max, »du verstehst doch gar nichts davon, du sitzt den ganzen Tag zu Hause.«
»Es ist nicht meine Schuld, daß ich nicht in die Schule gehe«, schrie Anna zurück, »es ist, weil Mama keine Schule findet, in die ich gehen kann.«
»Dann halt den Mund, bis du gehst«, schrie Max, und danach sprachen sie überhaupt nicht mehr miteinander, obgleich Mama zu Annas Überraschung versprach, für Max eine Mappe zu kaufen.
Anna fand es scheußlich. Sie hatte sich den ganzen Tag darauf gefreut, daß Max nach Hause käme, und jetzt hatten sie sich gezankt. Sie nahm sich vor, daß der nächste Tag anders sein sollte, aber er verlief sehr ähnlich. Max kam so müde und gereizt nach Hause, daß sie sich bald wieder zankten.

Dann wurde es noch schlimmer, denn es wurde regnerisch, und Anna erkältete sich und konnte nicht ausgehen. Sie fühlte sich, da sie tagelang in der engen Etagenwohnung verbringen mußte, wie gefangen, und abends waren sie und Max beide so schlecht gelaunt, daß sie kaum ein vernünftiges Wort miteinander reden konnten. Max kam es ungerecht vor, daß er sich durch die langen schwierigen Schultage hindurchkämpfen mußte, während Anna zu Hause blieb, und Anna hatte das Gefühl, daß Max in dieser neuen Welt, in der sie leben mußten, enorme Fortschritte machte, und sie fürchtete, daß sie ihn nie mehr einholen würde. »Wenn ich nur in die Schule gehen könnte – in irgendeine«, sagte Anna zu Mama.
»Du kannst nicht einfach in irgendeine gehen«, sagte Mama ärgerlich. Sie hatte sich verschiedene Schulen angesehen, aber keine hatte etwas getaugt. Sie hatte sogar Madame Fernand gefragt. Es war eine bedrückende Zeit.
Auch Papa war müde. Er hatte sich überarbeitet und fing wieder an, unter Alpträumen zu leiden. Mama sagte, er hätte sie schon früher gehabt, aber im Gasthof Zwirn hatten die Kinder nichts davon gemerkt. Er träumte immer das gleiche – daß er

versuchte, aus Deutschland hinauszukommen, und von den Nazis an der Grenze aufgehalten wurde. Dann wachte er schreiend auf.
Max schlief so fest, daß Papas Alpträume ihn nicht störten, obgleich Papa im Zimmer nebenan schlief, aber Anna hörte ihn immer, und es quälte sie schrecklich. Wenn Papa schnell wach geworden wäre, mit einem lauten Schrei, dann wäre es nicht so schrecklich gewesen. Aber die Alpträume fingen immer langsam an. Papa stöhnte und stieß erschreckende Grunzlaute aus, bis er schließlich in den lauten Schrei ausbrach.
Als es zum ersten Mal geschah, dachte Anna, Papa müßte krank sein. Sie lief in sein Zimmer und stand hilflos an seinem Bett und rief nach Mama. Aber auch als Mama ihr das mit den Alpträumen erklärte und Papa ihr sagte, sie solle sich keine Sorgen machen, war es für sie immer noch gleich schlimm. Es war schrecklich, im Bett zu liegen und zuhören zu müssen, wie Papa im Traum so furchtbare Dinge passierten.
Eines Abends, als Anna zu Bett gegangen war, wünschte sie sehr inständig, Papa würde keine Alpträume mehr haben.
»Bitte, bitte«, flüsterte sie – denn obgleich sie nicht eigentlich an Gott glaubte, hoffte sie doch immer, daß es jemanden gäbe, der diese Dinge lenken konnte –. »O bitte, laß mich die Alpträume haben, statt Papa!« Dann lag sie ganz still und wartete auf den Schlaf, aber nichts geschah.
Max drückte sich das Kissen unter dem Gesicht zurecht, seufzte zweimal und war gleich darauf eingeschlafen. Aber Anna hatte das Gefühl, daß Stunden vergingen, während sie immer noch hellwach dalag und an die dunkle Decke starrte. Sie fing an, ärgerlich zu werden. Wie konnte sie einen Alptraum haben, wenn sie nicht einmal einschlief? Sie hatte versucht, Rechenaufgaben im Kopf zu lösen und an alle möglichen langweiligen Sachen zu denken, aber nichts hatte genützt. Vielleicht würde es helfen, wenn sie aufstand und einen Schluck Wasser trank. Aber im Bett war es so gemütlich, daß sie den Gedanken aufgab.
Aber sie mußte doch wohl aufgestanden sein, denn sie befand sich plötzlich im Flur. Sie war nicht mehr durstig, und sie beschloß, mit dem Lift nach unten zu fahren und nachzuschauen,

wie die Straße mitten in der Nacht aussah. Zu ihrer Überraschung schlief die Concierge in einer Hängematte, die quer vor die Haustür gehängt war, und sie mußte diese beiseite drücken, um hinauszukommen. Sie schlug die Tür hinter ihr zu. Hoffentlich würde die Concierge nicht davon aufwachen. Dann stand sie auf der Straße.

Es war still und über allem lag ein sonderbarer brauner Schimmer, den sie nie zuvor bemerkt hatte. Zwei Männer eilten vorüber und trugen einen Weihnachtsbaum.

Der eine von ihnen sagte: »Es ist besser, hineinzugehen. Es kommt!«

»Was kommt?« fragte Anna, aber die Männer verschwanden um die Ecke, und im gleichen Augenblick hörte sie ein schlurfendes Geräusch aus der entgegengesetzten Richtung. Der braune Schimmer wurde dichter, und dann schob sich ein riesiges, langes Wesen am Ende der Straße um die Ecke. Obgleich es so riesig war, war doch etwas Vertrautes an ihm, und Anna merkte plötzlich, daß es Pumpel war, der zu Riesengröße angewachsen war. Das schlurfende Geräusch kam von seinen Pfoten, und er sah Anna mit seinen kleinen boshaften Augen an und leckte sich die Lippen.

»O nein!« schrie Anna.

Sie versuchte, wegzulaufen, aber die Luft war wie Blei. Sie konnte sich nicht rühren. Pumpel kam auf sie zu.

Sie hörte das Surren von Rädern, und ein Polizist kam mit fliegendem Cape auf seinem Fahrrad an ihr vorbeigeflitzt.

»Zähl die Beine!« schrie er, während er an ihr vorbeischoß. »Es ist die einzige Möglichkeit!«

Wie konnte sie Pumpels Beine zählen? Er war wie ein Tausendfüßler, seine Beine waren überall, sie bewegten sich wie in Wellen an beiden Seiten seines langen Körpers.

»Eins, zwei, drei . . .« Anna begann hastig, aber es war hoffnungslos. Pumpel kam immer näher, und jetzt konnte sie schon seine scheußlichen spitzen Zähne sehen.

Sie mußte einfach raten.

»Siebenundneunzig«, rief sie, aber Pumpel kam immer noch näher, und plötzlich wurde ihr klar, daß sie in Paris waren, und daß er erwartete, daß sie auf Französisch zähle. Wie hieß

siebenundneunzig auf Französisch? Sie konnte vor Angst keinen Gedanken fassen.
»Quatre-vingt . . .«, stammelte sie. Pumpel hatte sie beinahe schon erreicht . . . »Quatre-vingt-dix-sept!« schrie sie triumphierend und fand sich aufrecht im Bett sitzen.
Alles war still, und sie konnte Max auf der anderen Zimmerseite friedlich atmen hören. Ihr Herz hämmerte, und die Brust war ihr so eng, daß sie sich kaum bewegen konnte. Aber es war alles in Ordnung. Sie war in Sicherheit. Es war nur ein Traum gewesen. Auf der anderen Hofseite hatte jemand noch das Licht an, es warf ein blaßgoldenes Viereck auf den Vorhang. Sie konnte die verschwommenen Umrisse ihrer Kleider, die auf dem Stuhl für den Morgen bereit lagen, erkennen. Aus Papas Zimmer kam kein Laut. Sie lag da und genoß die schöne Vertrautheit aller Dinge, bis sie sich ruhig und schläfrig fühlte. Und dann fiel es ihr plötzlich ein, und ein Gefühl des Triumphes stieg in ihr auf. Sie hatte einen Alptraum gehabt! Sie hatte einen Alptraum gehabt und Papa keinen! Vielleicht war sie wirklich erhört worden. Sie schmiegte sich glücklich zurecht, und dann war es plötzlich Morgen, und Max stand da und zog sich an.
»Hast du vorige Nacht wieder schlecht geträumt?« fragte sie Papa beim Frühstück.
»Überhaupt nicht«, sagte Papa, »ich glaube, ich bin darüber hinweg.«
Anna sagte es niemandem, aber sie hatte immer das Gefühl, daß sie es gewesen sei, die Papa von seinen Alpträumen geheilt hatte. Eines Abends, ein paar Tage danach, hatten Max und Anna einen schlimmeren Krach als je zuvor. Max war nach Hause gekommen und hatte Annas Zeichensachen über dem Eßtisch zerstreut gefunden, und es war kein Platz für seine Schularbeiten. »Räum mir diesen Dreck aus dem Weg!« schrie er, und Anna schrie zurück: »Es ist kein Dreck! Du denkst, nur weil du zur Schule gehen mußt, bist du die einzig wichtige Person hier im Haus!«
Mama sprach am Telefon und rief ihnen durch die Tür zu, sie sollen still sein.
»Jedenfalls bin ich viel wichtiger als du«, zischte Max wütend.

»Du sitzt den ganzen Tag herum und tust nichts.«
»Das stimmt nicht«, flüsterte Anna. »Ich zeichne und decke den Tisch.«
»Ich zeichne und decke den Tisch«, äffte Max auf eine besonders eklige Weise nach. »Du bist nichts als ein Parasit!«
Dies war zuviel für Anna. Sie wußte nicht genau, was ein Parasit war, hatte aber den unbestimmten Eindruck, daß es etwas Scheußliches sein mußte, das auf Bäumen wuchs. Als Mama den Hörer auflegte, brach sie in Tränen aus.
Mama hatte wie gewöhnlich den Streit schnell geschlichtet. Max sollte Anna keine Schimpfnamen geben, auf jeden Fall sei es unsinnig, sie einen Parasiten zu nennen, und Anna sollte ihre Sachen wegräumen und Platz machen, damit Max seine Hausaufgaben machen könne, sagte Mama.
Dann fügte sie hinzu: »Wenn Max dich nur darum einen Parasiten genannt hat, weil du nicht zur Schule gehst – das wird sich bald ändern.«
Anna hörte sofort auf, ihre Farbstifte in die Schachtel einzuordnen.
»Warum?« fragte sie.
»Das war eben Madame Fernand am Telefon«, sagte Mama. »Sie sagte, daß sie von einer sehr guten kleinen école communale gehört hat, die nicht allzuweit von hier entfernt ist. Wenn wir Glück haben, kannst du nächste Woche dort anfangen.«

15

Am nächsten Montag machte sich Anna mit Mama auf den Weg zur école communale. Anna trug ihren Schulranzen und eine Pappschachtel, die ihre Frühstücksbrote enthielten. Unter dem Wintermantel trug sie einen schwarzen Kittel mit Falten, den Mama ihr auf den Rat der Schulvorsteherin gekauft hatte. Sie war sehr stolz auf diese Kittelschürze und froh, daß der Mantel sie nicht ganz bedeckte, so daß jedermann sie sehen konnte.
Sie fuhren mit der Metro, aber obgleich es nicht weit war,

mußten sie zweimal umsteigen. »Ich glaube, das nächste Mal versuchen wir, zu Fuß zu gehen«, sagte Mama. »Es ist auch billiger.« Die Schule lag in einer Seitenstraße der Champs Elysées, das war eine wunderbare, breite Allee mit glitzernden Läden und Cafés, und es war überraschend, hinter dieser Pracht das altmodische Tor verborgen zu finden, das die Aufschrift trug: »Ecole de filles«. Das Gebäude war dunkel und stand offenbar schon lange dort. Sie gingen über den leeren Hof und hörten aus einer der Klassen Gesang. Die Schule hatte schon angefangen. Während Anna neben Mama die Steintreppe hinaufstieg, um der Schulvorsteherin vorgestellt zu werden, war sie sehr gespannt, was sie erleben würden.

Die Schulvorsteherin war groß und munter. Sie gab Anna die Hand und erklärte Mama etwas auf französisch, das Mama übersetzte. Es tue ihr leid, daß niemand in der Schule Deutsch verstehe. Sie hoffe aber, daß Anna bald Französisch lernen werde. Dann sagte Mama: »Ich hole dich um vier Uhr ab.« Anna hörte ihre Absätze die Stufen hinunterklappern, während sie im Büro der Schulvorsteherin zurückblieb.

Die Vorsteherin lächelte Anna an. Anna lächelte zurück. Aber es ist so ein seltsames Gefühl, jemandem zuzulächeln, ohne zu sprechen, und nach einer Weile fühlte sie, wie ihr Gesicht starr wurde. Auch die Vorsteherin mußte ähnliches spüren, denn plötzlich knipste sie ihr Lächeln aus. Ihre Finger trommelten auf dem Pult und sie schien auf etwas zu warten, aber nichts geschah. Anna fragte sich schon, ob sie wohl den ganzen Tag da stehenbleiben würde, als es an der Tür klopfte.

Die Vorsteherin rief: »Entrez!«, und ein kleines dunkelhaariges Mädchen in Annas Alter tauchte auf. Die Vorsteherin rief etwas, von dem Anna vermutete, daß es »endlich« hieß, und begann eine lange ärgerliche Rede. Dann wandte sie sich an Anna und sagte, der Name des anderen Mädchens sei Colette und noch etwas, das wohl heißen mochte, Colette werde sich um sie kümmern. Colette ging auf die Tür zu. Anna, die nicht wußte, ob sie ihr folgen sollte, blieb stehen.

»Allez, allez!« rief die Schulvorsteherin und winkte mit der Hand, als wollte sie eine Fliege wegscheuchen, und Colette nahm Annas Hand und führte sie aus dem Zimmer.

Sobald sich die Tür geschlossen hatte, zog Colette eine Grimasse und sagte »Ouf!« Anna war froh, daß auch ihr die Vorsteherin auf die Nerven gefallen war. Sie hoffte, daß nicht alle Lehrer so sein würden. Dann folgte sie Colette durch einen langen Flur und durch mehrere Türen. Sie konnte aus einem der Klassenzimmer das Gemurmel französischer Stimmen hören. In den anderen war es still. Wahrscheinlich schrieben die Kinder, oder sie rechneten. Sie kamen zu einer Garderobe, und Colette zeigte ihr, wo sie den Mantel aufhängen sollte, bewunderte den deutschen Ranzen und wies darauf hin, daß Annas Kittelschürze genauso war wie ihre eigene – das alles in schnellem Französisch und durch Zeichen. Anna konnte keins der Wörter verstehen, aber sie erriet, was Colette meinte.
Dann führte Colette sie wieder durch eine Tür, und jetzt befand sich Anna in einem großen Raum, der mit Pulten vollgestopft war. Es mußten wenigstens vierzig Mädchen sein. Sie trugen alle schwarze Kittelschürzen, und dies, verbunden mit dem dämmrigen Licht in der Klasse, gab dem Ganzen etwas von einer Trauerszene.
Die Mädchen hatten etwas im Chor aufgesagt, aber als Anna mit Colette eintrat, unterbrachen sie sich und starrten sie an. Anna starrte zurück, und sie fing an, sich recht klein zu fühlen, und es stiegen plötzlich heftige Zweifel in ihr auf, ob es ihr in dieser Schule gefallen würde. Sie klammerte sich an ihren Ranzen und versuchte so zu tun, als ob ihr alles gleichgültig wäre. Dann fühlte sie eine Hand auf ihrer Schulter. Ein leichter Duft von Parfüm mit einem Hauch von Knoblauch vermischt wehte sie an, und sie blickte in ein sehr freundliches runzeliges Gesicht, das von fusseligem schwarzem Haar umrahmt war.
»Bonjour, Anna«, sagte die Frau, die vor ihr stand langsam und deutlich, so daß Anna es verstehen konnte. »Ich bin deine Lehrerin. Ich heiße Madame Socrate.«
»Bonjour, Madame«, sagte Anna leise.
»Sehr gut!« rief Madame Socrate. Dann schwenkte sie die Hand gegen die Pultreihen und fügte langsam und klar wie vorher hinzu: »Diese Mädchen sind in deiner Klasse«, und noch etwas über »Freunde«.
Anna blickte von Madame Socrate fort und riskierte einen

schnellen Blick zur Seite. Die Mädchen starrten nicht mehr, sondern lächelten, und sie fühlte sich viel wohler. Dann brachte Colette sie zu einem Platz neben ihrem eigenen, Madame Socrate sagte etwas, und die Mädchen – alle außer Anna – begannen wieder im Chor zu rezitieren.

Anna saß da und ließ die Stimmen über sich hinwegdröhnen. Sie hätte gern gewußt, was sie da aufsagten. Es war komisch, in einer Schule zu sitzen und Unterricht zu haben, ohne zu verstehen, um was es sich handelte. Während sie horchte, erkannte sie in dem Dröhnen einige Zahlwörter. War es das Einmaleins? Nein, dazu waren es bei weitem nicht genug Zahlen. Sie schaute auf das Buch auf Colettes Pult. Auf dem Umschlag war das Bild eines Königs mit einer Krone auf dem Kopf. Da verstand sie, genau in dem Augenblick, als Madame Socrate mit einem Händeklatschen befahl, daß die Schülerinnen aufhören sollten: Es war Geschichte! Die Zahlen waren Daten, und sie war gerade zur Geschichtsstunde gekommen. Aus irgendeinem Grunde machte diese Entdeckung sie sehr froh.

Die Mädchen nahmen jetzt Hefte heraus, und Anna bekam ein ganz neues. In der nächsten Stunde schrieben sie ein Diktat. Anna verstand das Wort, weil Mademoiselle Martel ihr und Max manchmal ein paar einfache Wörter diktiert hatte. Aber dies war etwas anderes. Die Sätze waren lang, und Anna hatte keine Ahnung, was sie bedeuteten. Sie wußte nicht, wo der eine Satz aufhörte und der nächste anfing. Es schien hoffnungslos, sich darauf einzulassen, aber dazusitzen und überhaupt nichts zu schreiben, sah gewiß noch schlechter aus. Sie tat also ihr bestes, die unverständlichen Laute in Buchstaben zu übertragen und sie in mögliche Gruppen einzuteilen. Als sie ungefähr eine Seite auf diese seltsame Weise vollgeschrieben hatte, war das Diktat zu Ende, die Hefte wurden eingesammelt, es schellte, und es war Pause.

Anna zog den Mantel an und folgte Colette auf den Schulhof – ein gepflastertes, von einem Eisengitter eingefaßtes Viereck, das sich schon mit anderen Mädchen füllte. Es war kalt, und sie rannten und hüpften umher, um sich warm zu halten. Sobald Anna mit Colette auftauchte, scharten sich einige Mädchen um sie und Colette stellte sie vor.

Da war Claudine, Marcelle, Micheline, Françoise, Madeleine . . . Es war unmöglich, alle diese Namen zu behalten, aber alle lächelten und streckten Anna ihre Hand hin, und sie war für diese Freundlichkeit sehr dankbar. Dann spielten sie ein Singspiel. Sie hängten sich einer beim andern ein und sangen und hüpften im Takt der Melodie vorwärts, rück- und seitwärts. Es sah zuerst ganz harmlos aus, aber im Verlauf des Spiels ging es immer schneller und schneller, bis schließlich ein solches Durcheinander entstand, daß alle lachend und außer Atem auf einen Haufen zusammenstürzten. Beim ersten Mal stand Anna dabei und schaute zu, aber beim zweiten Mal nahm Colette sie bei der Hand und stellte sie ans Ende der Kette. Sie schob ihren Arm in den Françoises – oder vielleicht war es auch Micheline – und tat ihr bestes, dem Schrittwechsel zu folgen. Wenn sie es falsch machte, lachten alle, aber auf eine freundliche Weise. Wenn sie es richtig machte, waren alle entzückt. Sie wurden ganz heiß und aufgeregt, und wegen Annas vieler Fehler endete das Ganze in einem noch größeren Durcheinander. Colette lacht so sehr, daß sie sich hinsetzen mußte, und auch Anna lachte. Sie merkte plötzlich, wie lange sie schon nicht mehr mit anderen Kindern gespielt hatte. Es war herrlich, wieder in die Schule zu gehen. Am Ende der Pause konnte sie sogar die Worte des Liedes singen, obgleich sie keine Ahnung hatte, was sie bedeuteten.

Als sie wieder ins Klassenzimmer kamen, hatte Madame Socrate Rechenaufgaben an die Tafel geschrieben, und Anna faßte Mut. Um sie lösen zu können, mußte man kein Französisch verstehen. Sie arbeitete daran, bis es schellte, und damit war der Morgenunterricht beendet.

Das zweite Frühstück wurde in einer kleinen warmen Küche unter Aufsicht einer großen dicken Frau namens Clothilde eingenommen. Fast alle Kinder wohnten nahe genug, um zum Essen nach Hause zu gehen, und außer Anna blieben nur noch ein viel jüngeres Mädchen und ein kleiner Junge von etwa drei Jahren da, der zu Clothilde zu gehören schien.

Anna aß ihre Butterbrote, aber das andere Mädchen hatte Fleisch, Gemüse und einen Pudding, und Clothilde wärmte alle diese Speisen sehr bereitwillig auf ihrem Herd auf. Sie sahen viel appetitlicher aus als Annas Butterbrote, und das schien Clothilde auch zu finden. Sie betrachtete die Butterbrote mit einer Grimasse, als wären sie Gift und rief: »Nicht gut, nicht gut!« und suchte Anna mit Gesten verständlich zu machen, daß sie das nächste Mal auch ein richtiges Mittagessen mitbringen solle.

»Oui«, sagte Anna und wagte sich sogar an ein »demain«, was »morgen« bedeutete, und Clothilde mit ihrem dicken Gesicht nickte strahlend.

Als sie ans Ende dieses Meinungsaustauschs gekommen waren, der einige Zeit in Anspruch genommen hatte, ging die Tür auf und Madame Socrate kam herein.

»Ah«, sagte sie in ihrer langsamen, deutlichen Aussprache, »du sprichst Französisch. Das ist gut.«

Clothildes kleiner Junge lief zu ihr hin. »Ich kann Französisch!« rief er.

»Ja, aber du kannst nicht Deutsch«, sagte Madame Socrate und kitzelte ihn am Bauch, daß er vor Vergnügen quiekte.

Dann winkte sie Anna, ihr zu folgen. Sie gingen ins Klassenzimmer zurück und Madame Socrate setzte sich mit Anna ans Pult. Sie legte die Arbeiten vom Vormittag vor sie hin und deutete auf die Rechenaufgaben.

»Sehr gut«, sagte sie. Anna hatte fast alles richtig. Dann wies Madame Socrate auf das Diktat. »Sehr schlecht«, sagte sie, aber sie machte dabei eine so drollige Grimasse, daß Anna nicht traurig war. Anna schaute in ihr Heft. Das Diktat war unter einem See von roter Tinte verschwunden. Beinahe jedes Wort war falsch. Madame Socrate hatte das ganze Stück noch einmal abschreiben müssen. Unter der Seite stand in roter Tinte »142 Fehler«, und Madame Socrate wies auf diese Zahl und machte dazu ein überraschtes und beeindrucktes Gesicht, als ob dies ein Rekord wäre. Dann lächelte sie, klopfte Anna auf den Rükken und bat sie, die korrigierte Abschrift noch einmal abzuschreiben. Anna tat das mit großer Sorgfalt, und obgleich sie immer noch sehr wenig von dem, was sie schrieb, verstand, war es doch schön, etwas im Heft zu haben, das nicht ganz durchgestrichen war.

Am Nachmittag hatten sie Zeichnen, und Anna malte eine

Katze, die sehr bewundert wurde. Sie schenkte sie Colette, weil das Mädchen so lieb zu ihr gewesen war, und Colette erklärte in ihrem üblichen Gemisch aus schnellem Französisch und Zeichensprache, daß sie das Bild in ihrem Schlafzimmer an die Wand heften werde.

Als Mama sie um vier Uhr abholen kam, war Anna in bester Stimmung.

»Wie war es in der Schule?« fragte Mama.

»Schön«, sagte Anna.

Erst als sie zu Hause ankamen, merkte sie, wie müde sie war, aber an diesem Abend bekamen sie und Max zum ersten Mal seit Wochen keinen Krach. Sie war noch müde, als sie am folgenden Tag zur Schule ging und auch am Tag danach – aber dann war Donnerstag. An diesem Wochentag hatten alle Kinder in Frankreich schulfrei.

»Was sollen wir tun?« fragte Max.

»Wir wollen unser Taschengeld nehmen und zum Prisunic gehen«, sagte Anna. Das Prisunic war ein Kaufhaus, das sie und Mama bei einem ihrer Einkaufsausflüge entdeckt hatten. Dort war alles sehr billig. Es gab keine Ware, die mehr als zehn Franc kostete. Das Warenhaus führte Spielzeug, Haushaltsartikel, Schreibwaren und auch Kleider.

Anna und Max verbrachten eine glückliche Stunde damit, festzustellen, welche Waren sie sich leisten konnten. Sie hätten ihr Taschengeld für ein Stück Seife oder ein halbes Paar Socken anlegen können, aber schließlich kamen sie mit zwei Kreiseln heraus.

Am Nachmittag spielten sie mit den Kreiseln auf einem kleinen Platz in der Nähe des Hauses, bis es dunkel wurde.

»Gefällt es dir in deiner Schule?« fragte Max plötzlich auf dem Heimweg.

»Ja«, sagte Anna, »alle sind sehr nett, und es ist ihnen egal, wenn ich nicht alles verstehe. Warum? Gefällt es dir in deiner Schule nicht?«

»O doch«, sagte Max, »sie sind auch nett zu mir, und ich fange an, Französisch zu verstehen.«

Sie gingen schweigend eine Weile nebeneinanderher, dann platzte Max heraus: »Aber eins ist schrecklich für mich!«

»Was?« fragte Anna.
»Macht es dir denn nichts aus?« fragte Max, »ich meine – so anders zu sein als alle anderen?«
»Nein«, sagte Anna. Dann betrachtete sie Max. Er trug eine Hose, aus der er herausgewachsen war und die er an den Beinen noch umgeschlagen hatte, damit sie noch kürzer aussah. Seinen Schal hatte er elegant in den Jackenausschnitt hineingestopft, und das Haar war auf eine ihr unbekannte Weise zurückgebürstet.
»Du siehst genau aus wie ein französischer Junge«, sagte Anna.
Max' Gesicht erhellte sich für einen Augenblick. Dann sagte er: »Aber ich spreche nicht so.«
»Nach so kurzer Zeit ist das ja auch nicht gut möglich«, sagte Anna. »Ich glaube früher oder später lernen wir beide richtig französisch sprechen.«
Max stampfte mit einem grimmigen Gesichtsausdruck dahin. Dann sagte er: »Also, in meinem Fall wird das wohl eher früher sein als später.«
Er blickte so grimmig drein, daß sogar Anna, die ihn gut kannte, über die Entschlossenheit in seinem Gesicht erstaunt war.

16

An einem Donnerstagnachmittag, ein paar Wochen nachdem Anna angefangen hatte, zur Schule zu gehen, besuchte sie mit ihrer Mutter Großtante Sarah. Großtante Sarah war Omamas Schwester, aber sie hatte einen Franzosen geheiratet, der jetzt gestorben war, und wohnte seit dreißig Jahren in Paris. Mama, die sie seit ihrer Kindheit nicht mehr gesehen hatte, zog bei dieser Gelegenheit ihre besten Kleider an. Sie sah sehr jung und hübsch aus in ihrem guten Mantel und dem blauen Hut mit dem Schleier, und als sie auf die Avenue Foch zugingen, wo Großtante Sarah wohnte, drehten sich ein paar Leute nach Mama um. Auch Anna trug ihre besten Kleider: Den Pullover, den Mama gestrickt hatte, ihre neuen Schuhe und Strümpfe

und Onkel Julius' Armband, aber ihr Rock und ihr Mantel waren schrecklich kurz. Mama seufzte wie immer, wenn sie Anna in ihren Straßenkleidern sah.
»Ich muß Madame Fernand bitten, etwas mit deinem Mantel zu unternehmen«, sagte sie, »wenn du noch mehr wächst, wird er nicht mal deinen Schlüpfer bedecken.«
»Was könnte Madame Fernand denn damit tun?« fragte Anna.
»Ich weiß nicht – einen Streifen Stoff unten annähen oder sonstwas«, sagte Mama. »Ich wünschte, ich verstünde mich selbst besser auf solche Dinge.«
Mama und Papa waren in der vergangenen Woche bei den Fernands zum Essen gewesen, und Mama war voller Bewunderung für Madame Fernand zurückgekommen. Madame Fernand war nicht nur eine gute Köchin. Sie nähte auch selbst alle Kleider für sich und ihre Tochter. Sie hatte das Sofa neu bezogen und ihrem Mann einen schönen Morgenmantel genäht. Sie hatte ihm sogar einen Schlafanzug geschneidert, weil man die Farbe, die er sich wünschte, im Laden nicht bekommen konnte.
»Und sie macht alles mit so leichter Hand«, sagte Mama, für die schon das Annähen eines Knopfes eine Staatsaktion war, »als ob es überhaupt keine Arbeit wäre.«
Madame Fernand hatte sich erboten, bei Annas Kleidern zu helfen, aber Mama hatte gemeint, daß man dieses Angebot nicht annehmen könne. Aber jetzt, wo sie sah, daß Anna an allen Ecken aus ihrem Mantel herauszuplatzen schien, änderte sie ihre Meinung.
»Ich werde sie fragen«, sagte sie. »Wenn sie mir nur zeigt, wie man es macht, bringe ich es vielleicht auch selbst fertig.«
Inzwischen waren sie an ihrem Ziel angelangt. Großtante Sarah wohnte in einem geräumigen Haus, das etwas von der Straße zurücklag. Sie mußten einen mit Bäumen bestandenen Hof überqueren, um es zu erreichen, und die Concierge, die ihnen Auskunft gab, trug eine Uniform mit Goldknöpfen und Litzen.
Großtante Sarahs Aufzug war innen mit Spiegelglas verkleidet und trug sie geschwind nach oben, ganz ohne das Stöhnen und Zittern, an das Anna gewöhnt war. Die Wohnungstür wurde

von einem Mädchen mit einer Rüschenschürze und einem Häubchen geöffnet.
»Ich werde Madame sagen, daß Sie da sind«, erklärte das Mädchen, und Mama setzte sich auf einen kleinen samtbezogenen Stuhl, während das Mädchen einen Raum betrat, der das Wohnzimmer sein mußte. Als sie die Tür öffnete, konnte sie ein Stimmengewirr hören, und Mama machte ein besorgtes Gesicht und sagte: »Ich hoffe, wir kommen gelegen . . .« Aber gleich öffnete sich die Tür wieder, und Großtante Sarah kam herausgerannt. Sie war eine dicke alte Frau, aber sie bewegte sich in einem flotten Trab, und einen Augenblick lang fragte sich Anna, ob sie wohl anhalten könne, wenn sie sie erreicht hatte.
»Nu!« rief sie aus und warf ihre schweren Arme um Mamas Schultern. »Da bist du ja endlich! Wie lange habe ich dich nicht gesehen! Und so schreckliche Dinge passieren in Deutschland. Aber du bist in Sicherheit und gesund und das ist die Hauptsache.« Sie ließ sich auf einen zweiten Samtstuhl fallen, über den sie nach allen Seiten hinausquoll und sagte zu Anna: »Weißt du, daß ich deine Mutter zum letzten Mal gesehen habe, als sie ein kleines Mädchen war? Und jetzt hat sie selber ein kleines Mädchen. Wie heißt du?«
»Anna«, sagte Anna.
»Hannah – wie schön. Ein guter jüdischer Name«, sagte Großtante Sarah.
»Nein, Anna«, sagte Anna.
»Oh, Anna. Das ist auch ein schöner Name. Ihr müßt mich entschuldigen«, sagte Großtante Sarah und es sah ganz gefährlich aus, wie sie sich auf dem kleinen Stuhl vorbeugte, »aber ich bin ein bißchen taub.«
Sie betrachtete Anna zum ersten Mal genau und machte ein erstauntes Gesicht.
»Meine Güte, Kind!« rief sie aus. »Was für lange Beine du hast! Frierst du nicht daran?«
»Nein«, sagte Anna, »aber Mama sagt, wenn ich noch mehr wachse, wird mein Mantel nicht mal mehr meinen Schlüpfer bedecken.«
Sobald die Worte heraus waren, wünschte sie, sie hätte sie

nicht gesagt. So etwas sagte man doch wohl nicht zu einer Großtante, die man kaum kannte.
»Was?« fragte Großtante Sarah.
Anna konnte spüren, wie sie rot wurde.
»Einen Augenblick«, sagte Großtante Sarah, und plötzlich zog sie irgendwoher aus ihren Kleidern einen Gegenstand, der wie eine Trompete aussah. »Da«, sagte sie und steckte das dünne Ende nicht in den Mund, wie Anna fast erwartet hatte, sondern ins Ohr. »Jetzt sag es noch einmal, Kind – sehr laut – in meine Trompete.«
Anna versucht verzweifelt, sicht etwas anderes auszudenken, das doch einen Sinn ergab, aber sie war wie vernagelt. Es fiel ihr nichts anderes ein.
»Mama sagt«, schrie sie in das Hörrohr, »daß, wenn ich noch mehr wachse, mein Mantel nicht mal mehr meinen Schlüpfer bedeckt.«
Als sie ihr Gesicht zurückzog, konnte sie spüren, daß sie knallrot geworden war.
Tante Sarah schien einen Augenblick lang wie verdattert. Dann kräuselten sich alle ihre Falten, und ein Geräusch zwischen einem Winseln und einem Kichern entschlüpfte ihr.
»Ganz recht«, rief sie und ihre schwarzen Augen tanzten. »Deine Mama hat ganz recht. Aber was will sie dagegen tun, he?« Sie wandte sich an Mama.
»Was für ein drolliges Kind. Was hast du für ein liebes, drolliges Kind!« Dann erhob sie sich mit überraschender Gewandtheit von ihrem Stuhl und sagte: »So, ihr müßt jetzt reinkommen und Tee trinken. Ich habe ein paar alte Damen hier, die Bridge gespielt haben, aber die werde ich schnell los sein« – und sie eilte ihnen in einem leichten Galopp ins Wohnzimmer voraus.
Das erste, was Anna an Großtante Sarahs alten Damen auffiel, war, daß sie alle viel jünger aussahen als Großtante Sarah. Es waren etwa ein Dutzend, alle sehr elegant gekleidet mit reichverzierten Hüten. Sie waren mit Bridgespielen fertig – Anna sah, daß die Spieltische an die Wand geschoben worden waren – und sie tranken jetzt Tee und aßen dazu winzige Plätzchen, die das Mädchen auf einem Silbertablett herumreichte.

»Sie kommen jeden Donnerstag«, flüsterte Großtante Sarah auf deutsch. »Die armen alten Dinger, sie haben nichts Besseres zu tun. Aber sie sind alle sehr reich, und sie geben mir Geld für meine notleidenden Kinder.«
Anna, die sich eben erst von ihrer Überraschung über die alten Damen erholt hatte, konnte sich schlecht vorstellen, wie Großtante Sarah von notleidenden Kindern umgeben wohl aussah. Sie konnte sie sich überhaupt nicht mit Kindern vorstellen. Aber sie hatte keine Zeit, darüber nachzudenken, denn sie wurde zusammen mit Mama mit lauter Stimme vorgestellt.
»Meine Nichte und ihre Tochter sind aus Deutschland gekommen«, schrie Großtante Sarah auf französisch, aber mit einem starken deutschen Akzent. »Sag Bonschur«, flüsterte sie Anna zu.
»Bonjour«, sagte Anna.
Großtante Sarah schlug vor Bewunderung die Hände über dem Kopf zusammen. »Hört euch das Kind an!« rief sie. »Erst ein paar Wochen in Paris, und sie spricht schon besser Französisch als ich!«
Anna fand es schwer, diesen Eindruck aufrechtzuerhalten, als eine der Damen versuchte, sie in eine Unterhaltung zu ziehen, aber es wurden ihr weitere Anstrengungen erspart, als Tante Sarahs Stimme wieder erschallte.
»Ich habe meine Nichte seit Jahren nicht gesehen«, schrie sie, »und ich habe mich so auf ein Gespräch mit ihr gefreut.«
Nach diesen Worten tranken die Damen hastig ihren Tee aus und begannen sich zu verabschieden. Während sie Großtante Sarah die Hand schüttelten, steckten sie Geld in eine Büchse, die sie ihnen hinhielt, und sie dankte ihnen. Anna hätte gern gewußt, wie viele notleidende Kinder Großtante Sarah hatte. Dann begleitete das Mädchen die Gäste zur Tür, und schließlich waren sie alle verschwunden.
Es war ohne sie schön still, aber Anna bemerkte mit Bedauern, daß das Silbertablett mit dem kleinen Gebäck zusammen mit den Damen verschwunden war, und daß das Mädchen die leeren Tassen einsammelte und hinaustrug. Großtante Sarah mußte ihr Versprechen, den Tee betreffend, vergessen haben. Sie saß mit Mama auf dem Sofa und erzählte ihr von ihren not-

leidenden Kindern. Es stellte sich heraus, daß damit nicht ihre eigenen Kinder gemeint waren. Sie sammelte für einen Wohltätigkeitsverein Geld, und Anna, die sich vor kurzem noch Großtante Sarah umgeben von einem geheimen Kreis von zerlumpten Knirpsen vorgestellt hatte, fühlte sich irgendwie betrogen. Sie rutschte unruhig auf ihrem Stuhl herum, und Großtante Sarah mußte das bemerkt haben, denn sie unterbrach sich plötzlich.

»Das Kind langweilt sich und hat Hunger«, rief sie und fragte das Dienstmädchen: »Sind die alten Damen alle gegangen?«

Das Mädchen bejahte.

»Also dann«, rief Großtante Sarah, »kannst du den richtigen Tee bringen.«

Einen Augenblick später kam das Dienstmädchen schwer beladen mit einem riesigen Kuchentablett zurück. Es mußten fünf oder sechs verschiedene Sorten sein. Außerdem gab es noch belegte Brote und Kekse. Auch eine Kanne mit frischem Tee und Schokolade mit Schlagsahne wurden aufgetischt.

»Ich liebe Kuchen«, rief Großtante Sarah auf Mamas erstaunten Blick hin, »aber es hat keinen Sinn, ihn diesen alten Damen anzubieten. Sie sind alle auf ihre schlanke Linie bedacht. Da hab ich mir gedacht, wir nehmen unseren Tee, wenn sie gegangen sind.«

Nach dieser Erklärung klatschte sie ein Riesenstück Apfeltorte auf einen Teller, bedeckte es mit Schlagsahne und reichte es Anna.

»Das Kind muß gut ernährt werden«, sagte sie.

Während des Tees stellte sie Mama Fragen über Papas Arbeit, über ihre Wohnung, und manchmal mußte Mama ihre Antworten in das Hörrohr wiederholen. Mama sprach ganz heiter über alles, aber Großtante Sarah schüttelte immer wieder den Kopf und sagte: »So leben zu müssen . . . ein so berühmter Mann . . .!«

Sie kannte Papas sämtliche Bücher und bezog die »Pariser Zeitung« nur, um seine Artikel lesen zu können. Immer wieder sah sie Anna an und sagte: »Und das Kind – so mager!« Darauf drängte sie ihr noch ein Stück Kuchen auf.

Als schließlich niemand mehr etwas essen konnte, kam Groß-

tante Sarah schwerfällig hinter dem Teetisch hervor und bewegte sich in ihrem gewöhnlichen Trott auf die Tür zu, wobei sie Mama und Anna winkte, ihr zu folgen. Sie führte sie in ein anderes Zimmer, in dem Kartons gestapelt waren.
»Seht mal«, sagte sie, »all das ist mir für meine notleidenden Kinder geschenkt worden.«
Die Kartons waren mit Stoffresten in den verschiedensten Farben und Qualitäten gefüllt.
»Eine meiner alten Damen ist mit einem Textilfabrikanten verheiratet«, erklärte Großtante Sarah, »er ist sehr reich und schenkt mir alle Stoffreste, die er nicht mehr braucht. Mir ist da ein Einfall gekommen. Warum soll Anna nicht etwas davon haben? Schließlich ist sie doch auch notleidend!«
»Nein, nein«, sagte Mama, »das kann ich nicht annehmen!«
»Ach – immer noch so stolz«, sagte Großtante Sarah. »Das Kind braucht etwas anzuziehen. Warum sollte sie nichts von dem hier bekommen?«
Sie wühlte in einem der Kartons und zog einen dicken Wollstoff in einem wunderschönen Grünton heraus. »Genau richtig für einen Mantel«, sagte sie, »und ein Kleid braucht sie auch, und vielleicht einen Rock . . .«
Im Nu hatten sie eine Haufen Stoff auf dem Bett zurechtgelegt, und wenn Mama versuchte, Einspruch zu erheben, rief sie nur: »So ein Unsinn! Willst du, daß die Polizei das Kind festnimmt, weil man sein Höschen sieht?«
Bei diesem Einwand mußte Mama, die sowieso nicht allzu energisch protestiert hatte, lachen und gab nach. Das Dienstmädchen wurde angewiesen, alles einzupacken, und als es Zeit war, zu gehen, trugen Mama und Anna jede ein großes Paket.
»Vielen, vielen Dank«, schrie Anna in Großtante Sarahs Hörrohr hinein, »ich wollte schon immer einmal einen grünen Mantel haben!«
»Er soll dir Glück bringen«, schrie Großtante Sarah zurück.
Dann waren sie draußen, und während sie im Dunkeln heimgingen, berieten sie, was sie mit den verschiedenen Stoffresten alles machen könnten. Sobald sie zu Hause waren, rief Mama Madame Fernand an und erzählte ihr von den Geschenken. Madame Fernand lud sie ein, am nächsten Donnerstag mit den

Stoffen zu ihr zu kommen und dort ein großes Nähfest zu veranstalten.
»Das wird herrlich!« rief Anna. »Ich kann es kaum erwarten, es Papa zu erzählen.« – Und in diesem Augenblick kam Papa nach Hause. Sie sprudelte aufgeregt heraus, was geschehen war. »Und ich werde ein Kleid und einen Mantel bekommen«, plapperte sie, »und Großtante Sarah hat es uns geschenkt, weil es für notleidende Kinder bestimmt ist, und sie sagte, ich hätte es genau so nötig wie die andern, und wir haben einen herrlichen Tee bekommen . . .«
Als sie den Ausdruck auf Papas Gesicht bemerkte, verstummte sie.
»Was soll das alles bedeuten?« fragte er Mama.
»Es ist genau so, wie Anna dir erzählt hat«, sagte Mama, und ihre Stimme klang vorsichtig. »Großtante Sarah hatte einen ganzen Haufen Stoffreste, der ihr geschenkt worden ist, und sie wollte, daß Anna etwas davon haben soll.«
»Aber das Zeug ist ihr für notleidende Kinder geschenkt worden«, sagte Papa.
»So hieß es nur«, sagte Mama. »Sie ist in verschiedenen Wohltätigkeitsvereinen. Sie ist eine sehr gütige Frau . . .«
»Wohltätigkeit?« sagte Papa. »Wir können für unsere Kinder keine Wohltätigkeit annehmen.«
»Oh, warum mußt du immer alles so kompliziert sehen?« schrie Mama. »Diese Frau ist meine Tante, und sie wollte Anna ein paar Kleidungsstücke schenken. Das ist alles.«
»Ehrlich, Papa. Ich glaube nicht, daß sie es so gemeint hat, daß es dir mißfallen könnte«, warf Anna ein. Ihr war elend, und sie wünschte schon, den Stoff nie gesehen zu haben.
»Es ist ein Geschenk für Anna von einer Verwandten«, sagte Mama.
»Nein«, sagte Papa, »es ist das Geschenk einer Verwandten, die einen Wohltätigkeitsverein betreibt. Wohltätigkeit für notleidende Kinder.«
»Also gut, dann bringe ich es zurück«, schrie Mama, »wenn du das wünschst! Aber dann sag mir, was das Kind anziehen soll? Weißt du, was Kinderkleider im Laden kosten? Sieh dir doch das Kind an. Sieh sie dir doch einmal richtig an!«

Papa sah Anna an, und Anna erwiderte den Blick. Sie wollte die neuen Kleider haben, aber sie wollte nicht, daß Papa so deswegen litt. Sie zog an ihrem Rock, damit er länger aussehen sollte.
»Papa . . .«, sagte sie.
»Du siehst wirklich ein bißchen notleidend aus«, meinte Papa. Er schien sehr müde.
»Es macht doch nichts«, sagte Anna.
»Doch, es macht etwas«, sagte Papa, »es ist wichtig.« Er befühlte den Stoff in den Paketen. »Ist das der Stoff?«
Sie nickte.
»Gut. Dann laß dir neue Kleider daraus machen«, sagte Papa. »Warme Sachen«, murmelte er und ging aus dem Zimmer.
An diesem Abend lagen Max und Anna im Dunkeln im Bett und sprachen miteinander.
»Ich wußte nicht, daß wir notleidend sind«, sagte Anna, »sind wir das wirklich?«
»Papa verdient nicht viel«, sagte Max, »die Pariser Zeitung kann ihm für seine Artikel nicht viel bezahlen, und die französischen Zeitungen haben ihre eigenen Journalisten.«
»In Deutschland haben sie ihm aber viel bezahlt.«
»O ja.«
Eine Weile lagen sie da, ohne zu sprechen. Dann sagte Anna: »Komisch, nicht?«
»Was?«
»Wir dachten doch, wir wären in sechs Monaten wieder in Berlin. Jetzt sind wir schon länger als ein Jahr fort.«
»Ich weiß«, sagte Max.
Ganz plötzlich, ohne einen besonderen Grund, erinnerte sich Anna so lebhaft an ihr altes Haus. Sie erinnerte sich, was man empfand, wenn man die Treppe hinauflief. Sie sah den kleinen Flecken auf dem Treppenabsatz, wo sie einmal Tinte verschüttet hatte. Sie meinte, von den Fenstern aus, auf den Birnbaum im Garten zu blicken. Die Vorhänge im Kinderzimmer waren blau, und dort stand ein weißgestrichener Tisch, an dem man schreiben und zeichnen konnte, und Bertha hatte ihn jeden Tag saubergemacht, und es hatte dort eine Menge Spielsachen gegeben . . . Aber es hatte keinen Sinn, weiter daran zu denken, darum machte sie die Augen zu und schlief ein.

17

Das Nähfest bei den Fernands wurde zu einem großen Erfolg. Madame Fernand war genauso nett, wie Anna sie im Gedächtnis hatte, und sie schnitt den Stoff von Großtante Sarah so geschickt zu, daß außer einem Mantel, einem Kleid und einem Rock für Anna auch noch eine kurze graue Hose für Max herauskam. Als Mama sich erbot, beim Nähen zu helfen, sah Madame Fernand sie nur an und lachte.
»Sie setzen sich ans Klavier und spielen«, sagte sie, »mit dem hier komme ich schon allein zurecht.«
»Aber ich habe Nähutensilien mitgebracht«, sagte Mama. Sie wühlte in ihrer Handtasche und brachte eine alte weiße Garnrolle und eine Nähnadel zum Vorschein.
»Meine Liebe«, sagte Madame Fernand sehr freundlich, »ich würde Sie nicht einmal ein Taschentuch säumen lassen.«
Mama spielte also in einer Ecke des freundlichen Fernandschen Wohnzimmers Klavier, während Madame Fernand in der andern nähte, und Anna und Max gingen mit Francine Fernand spielen.
Bevor sie kamen, hatte Max wegen Francine seine Zweifel gehabt.
»Ich habe keine Lust, mit einem Mädchen zu spielen«, hatte er gesagt. Er hatte sogar vorgegeben, wegen seiner Hausaufgaben nicht mitkommen zu können.
»Du bist doch sonst nicht so versessen auf deine Aufgaben«, sagte Mama ärgerlich, aber das war nicht ganz gerecht, denn Max war, weil er möglichst schnell Französisch lernen wollte, in letzter Zeit, was die Schule betraf, viel gewissenhafter geworden. Er gab sich beleidigt und brummig, bis sie bei den Fernands ankamen und Francine ihnen die Tür aufmachte. Da hatte seine gerunzelte Stirn sich schnell geglättet. Francine war ein bemerkenswert hübsches Mädchen mit langem honigfarbenen Haar und grauen Augen.
»Du bist gewiß Francine«, sagte Max und fügte heuchlerischerweise in bemerkenswert gutem Französisch hinzu: »Ich habe mich so darauf gefreut, dich kennenzulernen.«
Francine hatte eine Menge Spielsachen und eine große weiße

Katze. Die Katze kam sofort zu Anna und blieb auf ihrem Schoß sitzen, während Francine etwas in ihrem Spielschrank suchte. Schließlich hatte sie es gefunden.

»Das hab ich zu meinem letzten Geburtstag bekommen«, sagte sie und brachte eine Spiele-Sammlung, genau wie jene, die Max und Anna in Deutschland besessen hatten.

Maxens und Annas Blick trafen sich über das weiße Fell der Katze hinweg.

»Darf ich sehen?« fragte Max und hatte die Schachtel schon geöffnet, bevor Francine zustimmen konnte. Er betrachtete lange den Inhalt, nahm die Würfel in die Hand, die Schachfiguren, die verschiedenen Arten von Spielkarten.

»Wir hatten früher auch so eine Schachtel mit Spielen«, sagte er schließlich, »aber bei uns war noch ein Domino dabei.«

Francine blickte ein wenig betreten drein, weil man ihr Geburtstagsgeschenk bemängelte.

»Was ist denn mit euren Spielen passiert?« fragte sie.

»Wir mußten sie zurücklassen«, sagte Max und fügte finster hinzu: »Wahrscheinlich spielt Hitler jetzt damit.«

Francine lachte: »Also, dann müßt ihr eben jetzt statt dessen mit diesem spielen«, sagte sie, »da ich keine Geschwister habe, ist nicht oft jemand da, der mit mir spielt.«

Danach spielten sie den ganzen Nachmittag »Mensch-ärgere-dich-nicht« und »Dame«. Es war schön, denn die weiße Katze saß die ganze Zeit auf Annas Schoß, und Anna brauchte während der Spiele nicht viel französisch zu sprechen. Die weiße Katze hatte nichts dagegen, daß über ihren Kopf hinweg gewürfelt wurde und wollte nicht einmal von Annas Schoß herunter, als Madame Fernand Anna zur Anprobe rief. Zum Tee fraß die Katze ein Stückchen Hefekuchen mit Zuckerguß, das Anna ihr gab, und danach sprang sie sofort wieder auf Annas Schoß und es war, als lächle sie sie über ihre langen weißen Schnurrhaare hinweg an. Als es Zeit war zu gehen, lief sie Anna bis an die Wohnungstür nach.

»Was für eine schöne Katze«, sagte Mama, als sie das Tier sah. Anna hätte ihr so gern erzählt, wie sie auf ihrem Schoß gesessen hatte, während sie »Mensch-ärgere-dich-nicht« spielten, aber es kam ihr unhöflich vor, deutsch zu sprechen, da Ma-

dame Fernand es nicht verstand. Daher versuchte sie stockend, es auf Französisch zu erklären.
»Sie haben doch gesagt, Anna spräche kaum Französisch«, sagte Madame Fernand.
Mama machte ein erfreutes Gesicht. »Sie macht einen Anfang«, sagte sie.
»Macht einen Anfang«, rief Madame Fernand aus, »ich habe noch nie zwei Kinder kennengelernt, die so schnell eine Sprache lernen. Max könnte man manchmal fast für einen französischen Jungen halten, und was Anna betrifft . . . vor ein oder zwei Monaten konnte sie kaum ein Wort sagen, und jetzt versteht sie schon alles!«
Es stimmte nicht ganz. Es gab immer noch vieles, was Anna nicht verstand, aber sie war trotzdem hocherfreut. Sie war von den schnellen Fortschritten, die Max machte, so beeindruckt gewesen, daß sie nicht bemerkt hatte, wie sehr auch ihre Kenntnisse zunahmen.
Madame Fernand lud sie alle für den kommenden Sonntag ein, damit Anna noch einmal alles anprobieren konnte, aber Mama sagte nein, das nächste Mal müßten Fernands zu ihnen kommen. So begann eine Reihe von gegenseitigen Besuchen, an denen beide Familien ihre Freude hatten und die bald zu einer regelmäßigen Einrichtung wurden.
Papa genoß besonders Monsieur Fernands Gesellschaft. Er war ein großer Mann mit einem klugen Gesicht, und oft, wenn die Kinder im Eßzimmer spielten, konnte Anna seine tiefe Stimme und Papas Stimme im Wohnschlafzimmer nebenan hören. Sie schienen immer etwas miteinander zu besprechen zu haben, und manchmal hörte Anna sie auch laut miteinander lachen. Das machte sie immer froh, denn sie haßte den müden Ausdruck, den Papas Gesicht angenommen hatte, als er von Großtante Sarahs Kleiderstoffen hörte. Sie hatte bemerkt, daß dieser Ausdruck manchmal wiederkehrte, gewöhnlich, wenn Mama von Geld redete. Monsieur Fernand konnte diesen Ausdruck immer vertreiben.
Die neuen Kleider waren bald fertig, und Anna fand, daß sie nie so hübsche Kleider besessen hatte. Als sie sie zum ersten Mal trug, besuchte sie Großtante Sarah, um sie ihr zu zeigen, und

nahm ihr ein Gedicht mit, daß sie als besondere Dankesgabe geschrieben hatte. Es beschrieb alle Kleidungsstücke ausführlich und endete mit den Zeilen:

All dies verdank' ich – nichts ist klarer –
Der lieben, guten Tante Sarah!

»Du meine Güte«, sagte Tante Sarah, als sie es gelesen hatte, »Kind, du wirst noch einmal eine Schriftstellerin wie dein Vater!«

Sie schien sich schrecklich zu freuen. Auch Anna freute sich, denn durch das Gedicht schien es endgültig bewiesen zu sein, daß das Geschenk keine Wohltätigkeit gewesen war. Und außerdem war es ihr zum erstenmal gelungen, ein Gedicht über ein anderes Thema zu schreiben als über einen Unglücksfall.

18

Im April wurde es plötzlich Frühling, und obgleich Anna versuchte, den schönen grünen Mantel, den Madame Fernand genäht hatte, weiter zu tragen, wurde er ihr doch bald zu warm. Es war ein Vergnügen, an diesen hellen, sonnigen Morgen in die Schule zu gehen, und da die Pariser die Fenster öffneten, um die warme Luft hineinzulassen, strömten allerlei interessante Gerüche nach draußen und mischten sich mit dem Frühlingsduft in den Straßen. Unter den bekannten warmen Knoblauchhauch, der aus der Metro aufstieg, mischten sich plötzlich köstliche Duftwolken von Kaffee, frischem Brot oder Zwiebeln, die für das Mittagessen gebraten wurden. Als der Frühling weiter fortschritt, öffneten sich nicht nur die Fenster, sondern auch die Türen, und während sie die sonnenhellen Straßen entlangging, konnte sie einen Blick in die dämmrigen Innenräume der Cafés und Läden werfen, die den ganzen Winter hindurch unsichtbar gewesen waren. Jeder wollte in der Sonne verweilen, und auf den Bürgersteigen der Champs Elysées standen überall Tische und Stühle, zwischen denen Kellner in weißen Jacken herumflitzten und die Gäste mit Getränken versorgten.

Der erste Mai hieß der Tag der Maiglöckchen. An jeder Straßenecke tauchten Riesenkörbe mit diesen grünweißen Sträußchen auf, und von überallher hörte man die Rufe der Verkäufer. Papa mußte an diesem Morgen früh zu einer Verabredung und begleitete Anna ein Stück auf ihrem Schulweg. Er blieb an einem Kiosk stehen, um einem alten Mann eine Zeitung abzukaufen. Auf der Vorderseite war ein Bild Hitlers, der eine Rede hielt, aber der alte Mann faltete die Zeitung so zusammen, daß das Bild verschwand. Dann zog er die Luft ein und zeigte lächelnd seinen einzigen Zahn. »Es riecht nach Frühling«, sagte er.
Papa lächelte zurück, und Anna wußte, was er jetzt dachte: wie schön es doch sei, einen Frühling in Paris zu erleben. An der nächsten Ecke kauften sie einen Strauß Maiglöckchen, ohne auch nur zu fragen, was er kostete.
Bei dem strahlenden Wetter draußen schien das Schulgebäude düster und kühl, aber Anna freute sich jeden Morgen darauf, Colette, die ihre besondere Freundin geworden war, und Madame Socrate zu sehen. Obgleich der Schultag ihr immer noch ermüdend und lang vorkam, begann sie doch besser zu verstehen, was um sie herum vorging. Die Fehler in den Diktaten hatten sich langsam von hundert auf etwa fünfzig vermindert. Madame Socrate half ihr immer noch in den Mittagspausen, und manchmal gelang ihr es sogar, eine Frage im Unterricht zu beantworten.
Zu Hause entwickelte sich Mama zu einer wirklich guten Köchin, da Madame Fernand ihr mit gutem Rat beistand. Papa erklärte, er habe noch nie im Leben daheim so gut gegessen. Die Kinder bekamen Geschmack an allen möglichen Nahrungsmitteln, von denen sie früher nicht einmal gehört hatten, und sie tranken wie französische Kinder ein Gemisch aus Wasser und Wein zum Essen. Sogar die dicke Clothilde in der Schulküche war mit dem Essen zufrieden, das Anna zum Aufwärmen mitbrachte.
»Deine Mutter versteht zu kochen«, sagte sie, und Mama war hocherfreut, als Anna ihr das erzählte.
Nur Grete blieb düster und unzufrieden. Was auch immer Mama auf den Tisch brachte, sie verglich es mit einem ähnli-

chen Gericht aus Österreich, und der Vergleich fiel immer nachteilig für Mamas Speise aus. War es aber etwas, das es in Österreich nicht gab, so hielt Grete es für ungenießbar. Sie setzte allem Französischen einen erstaunlichen Widerstand entgegen, und obgleich sie jeden Tag zum Unterricht ging, schienen sich ihre Sprachkenntnisse nicht zu verbessern. Da sie durch die Versprechen, die sie angeblich ihrer Mutter gegeben hatte, wirklich kaum eine Hilfe für Mama war, freuten sich alle, sie selbst nicht ausgenommen, auf den Tag, an dem Grete endgültig nach Österreich zurückkehren würde.

»Und je eher, desto besser«, sagte Madame Fernand, die Grete aus der Nähe hatte beobachten können, denn die beiden Familien verbrachten die Sonntage meist gemeinsam. Als der Frühling zum Sommer wurde, gingen sie, statt sich zu Hause zu treffen, in den Bois de Boulogne. Das war ein großer Park nicht weit von ihrer Wohnung, und die Kinder spielten Ball auf dem Rasen. Ein- oder zweimal lieh sich Monsieur Fernand das Auto eines Bekannten und nahm alle zu einem Ausflug mit aufs Land. Zu Annas Freude kam die Katze auch mit. Sie hatte nichts dagegen, an einer Leine geführt zu werden, und während Max mit Francine plauderte, nahm Anna das Tier stolz in ihre Obhut.

Im Juli wurde es sehr heiß, viel heißer, als es in Berlin je gewesen war. Man bekam keine Luft mehr in der kleinen Wohnung, obgleich Mama die ganze Zeit die Fenster geöffnet hielt. Besonders im Schlafzimmer der Kinder war es zum Ersticken heiß, und im Hof, auf den die Fenster hinausgingen, schien es noch heißer zu sein als im Zimmer. Man konnte nachts kaum schlafen, und niemand konnte sich auf den Unterricht in der Schule konzentrieren. Sogar Madame Socrate sah müde aus. Ihr gekräuseltes schwarzes Haar wurde in der Hitze ganz matt, und alles sehnte sich nach dem Ende des Schuljahres.

Der vierzehnte Juli war nicht nur für die Schüler, sondern für alle Franzosen ein Feiertag. Es war der Jahrestag der Französischen Revolution. Überall hingen Fahnen, und am Abend sollte ein Feuerwerk abgebrannt werden. Anna und Max gingen mit ihren Eltern und den Fernands aus, um es anzusehen. Sie fuhren mit der Metro, in der sich ausgelassene Menschen drängten, und in einem Schwarm anderer Pariser stiegen sie eine lange Treppe zu einer Kirche hinauf, die auf dem Gipfel eines Hügels lag. Von hier konnten sie ganz Paris überblicken, und als die Raketen anfingen, vor dem dunkelblauen Himmel zu zerbersten, schrie und jubelte alles. Am Schluß des Schauspiels stimmte jemand die Marseillaise an, ein anderer fiel ein, und bald sang die riesige Menschenmenge in der warmen Nachtluft.

»Los, Kinder«, rief Monsieur Fernand, und auch Anna und Max sangen nun mit. Anna fand das Lied herrlich, besonders die Stelle, an der die Melodie so unerwartet langsam wird, und sie bedauerte, als es zu Ende war.

Die Menge begann, sich über die Treppe hinunter zu zerstreuen, und Mama rief: »Und jetzt heim ins Bett!«

»Um Himmels willen, Sie können die Kinder jetzt doch nicht ins Bett stecken. Es ist der vierzehnte Juli!« rief Monsieur Fernand. Mama meinte, es sei schon spät, aber die Fernands lachten sie aus.

»Es ist der vierzehnte Juli«, sagten sie, als ob damit etwas erklärt wäre, »und der Abend hat gerade erst angefangen.«

Mama schaute zweifelnd auf die erregten Gesichter der Kinder.

»Aber was soll denn nun noch geschehen?« fing sie an.

»Zuerst«, bestimmte Moniseur Fernand, »gehen wir essen.«

Anna erklärte, sie hätte schon gegessen.

Bevor sie losgezogen waren, hatte es hartgekochte Eier gegeben. Aber offenbar war das für Monsieur Fernand kein Essen. Er führte sie in ein großes, überfülltes Restaurant, wo sie sich draußen auf dem Bürgersteig an einen Tisch setzten und bestellte eine Mahlzeit.

»Schnecken für die Kinder«, rief Monsieur Fernand, »sie haben sie noch nicht probiert?«

Max starrte seine Portion voller Abscheu an und konnte sich nicht entschließen, sie anzurühren. Aber Anna, von Francine ermutigt, versuchte eine und fand, daß sie wie ein köstlicher Pilz schmeckte. Zum Schluß aßen sie und Francine noch Maxens Schnecken auf. Gegen Ende der Mahlzeit, als sie Cremeballen löffelten, erschien ein alter Mann mit einem Schemel und einem Akkordeon. Er setzte sich zu den Gästen und begann zu spielen, und bald standen ein paar Leute von ihren Tischen auf, um auf der Straße zu tanzen. Ein lustiger Matrose kam auf Mama zu und forderte sie zum Tanzen auf. Mama war zuerst überrascht, aber dann nahm sie an, und Anna sah zu, wie sie immer im Kreis herumgewirbelt wurde, immer noch mit erstauntem, aber doch fröhlichem Gesicht. Dann tanzte Monsieur Fernand mit Francine, und Anna tanzte mit Papa, und Madame Fernand sagte, im Augenblick habe sie noch keine Lust zu tanzen, denn sie konnte sehen, daß Max es einfach gräßlich finden würde, bis schließlich Monsieur Fernand erklärte: »Jetzt wollen wir weiterbummeln!« Es war kühler geworden, und während sie durch die Straßen schlenderten, in denen sich überall Menschen drängten, fühlte sich Anna leicht beschwingt und überhaupt nicht müde. Man hörte Akkordeonmusik, Leute tanzten, und manchmal blieben Mama, Papa und die Fernands eine Weile stehen und tanzten mit. In einigen Cafés wurde zur Feier des Tages kostenlos Wein ausgeschenkt, und wenn sie eine Ruhepause brauchten, kehrten sie ein. Die Erwachsenen tranken Wein und die Kinder Cassis, ein Getränk aus einem süßen Johannisbeersaft und Sprudel. Sie sahen den Fluß im Mondlicht glänzen, und mitten auf dem Wasser stand die Kathedrale Notre Dame wie ein großes dunkles Tier. Einmal gingen sie unmittelbar am Ufer vorbei und unter Brücken hindurch, und auch hier gab es Akkordeonspieler und tanzende Menschen! Sie liefen immer weiter, und Anna verlor allmählich jedes Zeitgefühl, und sie folgten Monsieur Fernand wie durch einen glücklichen Traum.

Plötzlich fragte Max: »Was ist das für ein komisches Licht am Himmel?«

Es war die Morgendämmerung.

Sie hatten jetzt die Markthallen von Paris erreicht, und überall rumpelten mit Obst und Gemüse beladene Karren über das Kopfsteinpflaster.

»Hungrig?« fragte Monsieur Fernand.

Es war lächerlich, denn obgleich sie schon zweimal zu Abend gegessen hatten, waren alle schrecklich hungrig. Hier spielte kein Akkordeon, die Leute machten sich zur Arbeit auf, und in einem kleinen Café servierte eine Frau Schüsselchen mit damp-

fender Zwiebelsuppe. Auf Holzbänken neben den Marktleuten sitzend, löffelten sie ihre Schüsseln leer und tunkten die Suppe mit Brot auf. Als sie aus dem Café kamen, war es heller Tag.
»Jetzt können Sie die Kinder ins Bett stecken«, sagte Monsieur Fernand, »sie haben erlebt, wie man den vierzehnten Juli feiert.« Nach einem schläfrigen Abschied fuhren sie mit der Metro heim und fielen in ihre Betten.
»In Deutschland haben wir nie einen vierzehnten Juli gehabt«, sagte Anna noch, ehe sie einschlief.
»Natürlich nicht«, sagte Max, »wir hatten ja auch nicht die Französische Revolution.«
»Das weiß ich«, sagte Anna böse und fügte, schon halb im Schlaf hinzu: »Aber schön war es doch.«
Dann standen die Sommerferien vor der Tür. Gerade als sie überlegten, was sie anfangen sollten, kam ein Brief von Herrn Zwirn, der die ganze Familie einlud, im Gasthof Zwirn seine Gäste zu sein. Und gerade als sie sich den Kopf zerbrachen, woher das Fahrgeld nehmen, bekam Papa den Auftrag, drei Artikel für eine französische Zeitung zu schreiben. Diese Zeitung zahlte viel besser als die »Pariser Zeitung«. So war auch dieses Problem gelöst.
Alle freuten sich auf die Ferien, und um dem ganzen die Krone aufzusetzen, brachte Max am letzten Schultag ein gutes Zeugnis nach Hause. Mama und Papa trauten ihren Augen kaum, als sie es lasen. Da stand nirgends: »Zeigt kein Interesse« oder »Gibt sich keine Mühe«. Statt dessen kamen Wörter vor wie »intelligent« und »fleißig« und unten auf der Seite prangte ein Satz des Schulleiters, daß Max bemerkenswerte Fortschritte gemacht habe. Das munterte Mama so auf, daß sie ganz herzlich von Grete Abschied nahm, die nach Österreich zurückfuhr. Sie waren alle so froh, sie loszuwerden. Das ließ sie ganz besonders nett zu ihr sein, und Mama schenkte ihr sogar einen kleinen Schal. »Ich weiß nicht, ob man so etwas in Österreich trägt«, meinte Grete mürrisch, als sie ihn betrachtete, aber sie nahm ihn trotzdem an. Und dann machten auch sie sich an die Vorbereitungen für ihre Reise in die Schweiz.
Im Gasthof Zwirn fanden sie alles unverändert. Herr und Frau Zwirn waren herzlich wie immer, und nach der Pariser Hitze

war die Luft am See wunderbar frisch. Es war schön, das ihnen nun vertraute Schweizerdeutsch zu hören und alles verstehen zu können, was die Leute sagten. Franzl und Vreneli waren zu Anna und Max genauso freundlich, als seien sie erst gestern getrennt worden. Im Nu hatte Vreneli Anna alle Neuigkeiten über den rothaarigen Jungen berichtet, der offenbar angefangen hatte, Vreneli in einer gewissen Weise anzusehen – einer herzlichen Weise wie Vreneli sagte – die sie nicht beschreiben konnte, die ihr aber zu gefallen schien. Franz nahm Max mit derselben alten Angelrute zum Fischen mit, sie spielten dieselben Spiele und gingen auf denselben Pfaden durch die Wälder, die sie im vergangenen Jahr so geliebt hatten. Es war alles genau wie es gewesen war, und trotzdem gab es da etwas, was Anna und Max daran erinnerte, daß sie aus der Fremde kamen. Wie hatte das Leben der Zwirns so gleich bleiben können, wo ihres doch so anders geworden war?

»Man sollte doch denken«, meinte Max, »daß sich bei euch wenigstens irgend etwas verändert hätte.«

»Ja, was denn nur?« fragte Franz ganz erstaunt.

Eines Tages ging Anna mit Vreneli und Rösli durch das Dorf. Sie trafen Herrn Graupe.

»Willkommen in unserem schönen Schweizerland!« rief er und schüttelte Anna begeistert die Hand, und sogleich stellte er ihr alle möglichen Fragen über die Schule in Frankreich. Er war davon überzeugt, daß keine Schule, wo immer auf der Welt, so gut sein könne, wie seine Dorfschule hier. Anna merkte, daß sie beinahe einen entschuldigenden Ton anschlug, als sie erklärte, daß es ihr sehr gut gefiele.

»Wirklich?« fragte Herr Graupe ungläubig, als sie von der Arbeit erzählte und von ihrem Frühstücken mit Clothilde in der Schulküche und von Madame Socrate.

Und dann passierte ihr etwas Seltsames. Herr Graupe fragte sie, wann die Kinder in Frankreich aus der Schule entlassen würden. Sie wußte das nicht so genau, aber statt ihm auf deutsch zu antworten, zuckte sie plötzlich die Schultern und sagte: »Je ne sais pas.« In ihrem besten Pariser Akzent. Sie wußte, daß er denken würde, sie wollte prahlen. Aber das war nicht beabsichtigt gewesen. Sie begriff gar nicht, woher die

Worte gekommen waren. Es war, als hätte irgend etwas in ihr heimlich französisch gedacht, und das war lächerlich. Da sie in Paris niemals imstande gewesen war, französisch zu denken, wie sollte sie da jetzt plötzlich hier damit anfangen?
»Ich sehe, wir werden schon ganz französisch«, sagte Herr Graupe mißbilligend. »Nun – ich will dich nicht aufhalten.« Damit ging er davon.
Vreneli und Rösli waren ungewöhnlich still, als sie alle zusammen zurückgingen.
»Vermutlich kannst du jetzt französisch sprechen wie gar nichts«, sagte Vreneli schließlich.
»Nein«, sagte Anna. »Max kann es viel besser.«
»Ich kann ›oui‹ sagen – ich glaube, das heißt ja, nicht wahr?« sagte Rösli. »Gibt es in Frankreich Berge?«
»Nicht in der Nähe von Paris«, sagte Anna.
Vreneli hatte Anna gedankenverloren angestarrt.
Jetzt sagte sie: »Weißt du, du bist doch irgendwie anders geworden.«
»Unsinn«, rief Anna, »das stimmt nicht!« Aber sie wußte, daß Vreneli recht hatte, und plötzlich, obwohl sie erst elf Jahre alt war, fühlte sie sich ganz alt und traurig.

Die Ferien vergingen schnell. Die Kinder badeten und spielten mit den Zwirns, und wenn es nicht ganz so war wie sonst, so war es doch schön. Was machte es schon, sagte Max, daß sie nicht mehr ganz dazugehörten. Am Ende des Sommers waren sie traurig, daß sie fort mußten, und nahmen lange und herzlich Abschied von ihren Freunden. Aber nach Paris zurückzugehen kam ihnen beiden, Max und Anna, fast so vor, als ob sie nach Hause gingen, und das hätten sie nie für möglich gehalten.

19

Als die Schule wieder anfing, stellte Anna fest, daß sie versetzt worden war. Madame Socrate war immer noch ihre Lehrerin, aber die Arbeit war plötzlich viel schwerer. Das kam daher, daß die Klasse auf ein Examen vorbereitet wurde, das sich »certificat d'études« nannte, und das alle Schülerinnen außer Anna im kommenden Sommer ablegen sollten.
»Ich bin entschuldigt, weil ich keine Französin bin«, sagte Anna zu Mama, »es wäre einfach unmöglich für mich, es zu bestehen.« Aber sie mußte trotzdem die gleiche Arbeit tun. Man erwartete von den Mädchen ihrer Klasse, daß sie nach der Schule wenigstens eine Stunde Hausaufgaben machten, sie mußten ganze Seiten Geschichte und Erdkunde auswendig lernen, Aufsätze schreiben und Grammatik lernen – und Anna mußte all das in einer Sprache tun, die sie immer noch nicht völlig sicher beherrschte. Sogar im Rechnen, das bis jetzt ihre große Stärke gewesen war, kam sie nicht mehr mit. Statt einfacher Rechenaufgaben, bei denen keine Übersetzung nötig war, rechnete die Klasse jetzt eingekleidete Aufgaben – lange, komplizierte Satzgebilde, in denen Leute in Zügen aneinander vorbeifuhren und in einem bestimmten Tempo Behälter mit Wasser füllten und sie in einem anderen Tempo wieder leerten. Das alles mußte sie sich ins Deutsche übersetzen, ehe sie beginnen konnte, darüber nachzudenken.
Als es kälter wurde und die Tage kürzer, begann sie, sich sehr müde zu fühlen. Sie zog die Füße auf dem Heimweg von der Schule nach und saß da und starrte auf ihre Hausaufgaben, statt sich an die Arbeit zu machen. Sie fühlte sich plötzlich ganz mutlos. Madame Socrate, die das bevorstehende Examen im Kopf hatte, konnte nicht mehr soviel Zeit für sie erübrigen, und Annas Leistungen schienen eher schlechter als besser zu werden. Was sie auch tun mochte, sie brachte es nicht fertig, im Diktat auf weniger als vierzig Fehler zu kommen – in der letzten Zeit waren es oft mehr als fünfzig gewesen. Im Unterricht wußte sie oft die Antwort, aber es dauerte so lange, bis sie sie ins Französische übersetzt hatte, so daß es meist zu spät war, um sich zu melden. Sie hatte das Gefühl, daß es ihr nie ge-

lingen werde, die andern einzuholen, und sie war es leid, sich immer so anzustrengen.
Eines Tages kam Mama ins Zimmer, als sie über ihren Aufgaben saß.
»Bist du bald fertig?« fragte Mama.
»Noch nicht«, sagte Anna, und Mama trat zu ihr und schaute in ihr Heft.
Es waren Rechenaufgaben, und alles, was Anna geschrieben hatte, war: »Eingekleidete Aufaben« und das Datum.
Sie hatte mit dem Lineal ein Kästchen um die Wörter »Eingekleidete Aufgaben« gezogen, und dieses Kästchen mit einer Wellenlinie in roter Tinte umgeben. Dann hatte sie die Wellenlinie mit Pünktchen verziert und drumherum eine Zickzacklinie gemalt, und diese wieder mit blauen Pünktchen verziert. Zu all dem hatte sie beinahe eine Stunde gebraucht.
Bei diesem Anblick explodierte Mama.
»Kein Wunder, daß du mit deinen Aufgaben nicht fertig wirst. Du schiebst sie immer wieder auf, bis du zu müde bist, noch einen Gedanken zu fassen. Auf diese Weise wirst du überhaupt nichts lernen!«
Dies war so genau, was Anna selber dachte, daß sie in Tränen ausbrach.
»Ich strenge mich doch an«, schluchzte sie, »aber ich kann es einfach nicht. Es ist zu schwer! Ich versuche und versuche, und es hat keinen Sinn!«
Und bei einem neuen Ausbruch tropften die Tränen auf die Überschrift »Eingekleidete Aufgaben«, so daß das Papier Blasen warf. Die Wellenlinie verlief und vermischte sich mit dem Zickzack.
»Natürlich kannst du es«, sagte Mama und griff nach dem Buch. »Sieh mal, ich helfe dir . . .«
Aber Anna schrie ganz heftig: »Nein!« und stieß das Buch weg, daß es über die Tischkante rutschte und zu Boden fiel.
»Nun, offenbar bist du heute nicht in der Lage, Aufgaben zu machen«, sagte Mama, nachdem sie einen Augenblick geschwiegen hatte. Sie ging aus dem Zimmer.
Anna fragte sich gerade, was sie tun sollte, als Mama im Mantel zurückkam.

»Ich muß noch Kabeljau zum Abendessen kaufen«, sagte sie, »am besten gehst du ein bißchen mit an die frische Luft.«
Sie liefen ohne zu sprechen nebeneinander die Straße hinunter. Es war kalt und dunkel, und Anna trottete, die Hände in den Manteltaschen, neben Mama her und fühlte sich ganz leer. Sie taugte nichts. Sie würde nie richtig Französisch lernen. Sie war wie Grete, die nie hatte lernen können, aber anders als Grete konnte sie nicht in ihr eigenes Land zurückkehren. Bei diesem Gedanken kamen ihr wieder die Tränen, und Mama mußte sie am Arm packen, damit sie nicht in eine alte Dame hineinlief.
Das Fischgeschäft war ziemlich weit entfernt in einer belebten, hellerleuchteten Straße. Nebenan war eine Konditorei, in deren Schaufenster cremige Köstlichkeiten ausgestellt waren, die man entweder mitnehmen oder an einem der kleinen Tische drinnen verzehren konnte. Anna und Max hatten den Laden oft bewundert, hatten aber nie einen Fuß hineingesetzt, weil es zu teuer war. Diesmal war Anna zu elend zumute, um auch nur hineinzuschauen, aber Mama blieb an der Glastür stehen.
»Wir wollen hier hineingehen«, sagte sie zu Annas Überraschung und schob sie durch die Tür.
Eine Welle warmer Luft und ein köstlicher Geruch nach Schokolade und Gebäck schlug ihnen entgegen.
»Ich trinke eine Tasse Tee, und du kannst ein Stück Kuchen haben«, sagte Mama, »und dann reden wir mal miteinander.«
»Ist es nicht zu teuer?« fragte Anna mit dünnem Stimmchen.
»Ein Stück Kuchen können wir uns schon leisten«, sagte Mama, »du brauchst dir ja keins von den ganz riesigen auszusuchen, sonst bleibt uns vielleicht nicht genug Geld für den Tisch.«
Anna wählte ein Törtchen, das mit süßem Kastanienpüree und Schlagsahne gefüllt war, und sie setzten sich an eins der Tischchen.
»Sieh mal«, sagte Mama, als Anna die Gabel in ihr Gebäckstück bohrte, »ich verstehe ja, wie schwer es für dich in der Schule ist, und ich weiß, daß du dir Mühe gegeben hast. Aber was sollen wir denn machen? Wir leben in Frankreich, und du mußt Französisch lernen.«

»Ich werde so müde«, sagte Anna, »und es wird schlechter statt besser mit mir. Vielleicht gehöre ich zu den Menschen, die keine Fremdsprachen lernen können.«
Mama geriet in Harnisch.
»Unsinn!« sagte sie. »In deinem Alter gibt es so etwas überhaupt nicht.«
Anna probierte ein Stückchen von ihrem Kuchen. Er war köstlich.
»Willst du mal probieren?« fragte sie.
Mama schüttelte den Kopf.
»Du bist bis jetzt gut vorangekommen«, sagte sie nach einer Weile. »Jeder bestätigt mir, daß deine Aussprache vollendet ist, und dafür, daß wir erst ein Jahr hier sind, hast du schon eine Menge gelernt.«
»Es kommt mir nur so vor, als käme ich jetzt nicht mehr weiter«, sagte Anna.
»Aber du kommst weiter!« sagte Mama.
Anna blickte auf ihren Teller.
»Schau mal«, sagte Mama, »es geht nicht immer alles so, wie man es erwartet. Als ich Musik studierte, mühte ich mich manchmal wochenlang mit einem Stück ab, ohne etwas zu erreichen – und dann ganz plötzlich, genau als ich das Gefühl hatte, daß es ganz hoffnungslos sei, wurde mir die ganze Sache klar, und ich begriff nicht, warum ich es vorher nicht eingesehen hatte. Vielleicht ist es mit deinem Französisch so ähnlich.«
Anna sagte nichts. Sie hielt das nicht für wahrscheinlich.
Dann schien Mama einen Entschluß zu fassen.
»Ich will dir sagen, was wir machen«, sagte sie, »es sind nur noch zwei Monate bis Weihnachten. Willst du es noch einmal versuchen? Wenn du dann Weihnachten wirklich das Gefühl hast, daß du es nicht schaffst, wollen wir uns etwas anderes überlegen. Ich weiß nicht genau was, denn wir haben kein Geld für eine Privatschule, aber ich verspreche dir, ich überlege mir etwas. Ist es jetzt in Ordnung?«
»In Ordnung«, sagte Anna.
Der Kuchen war wirklich ganz vorzüglich, und als sie das letzte bißchen Kastanienpüree vom Löffel geleckt hatte, kam sie sich nicht mehr so sehr wie Grete vor. Sie blieben noch ein Weil-

chen an dem kleinen Tisch sitzen, weil es so angenehm war, hier zu sein.
»Wie schön, wenn man mit seiner Tochter zum Tee ausgehen kann«, sagte Mama schließlich und lächelte.
Anna erwiderte ihr Lächeln.
Die Rechnung war höher, als sie erwartet hatten, und nun hatten sie doch nicht mehr genug Geld für den Fisch, aber Mama kaufte statt dessen Muscheln. Die schmeckten ebenso gut. Am Morgen gab sie Anna ein Briefchen für Madame Socrate, um das Fehlen der Hausaufgaben zu erklären, aber sie mußte noch etwas anderes hineingeschrieben haben, denn Madame Socrate sagte, Anna solle sich wegen der Schule keine Sorgen machen, und sie fand auch wieder Zeit, ihr während der Mittagspause zu helfen.
Danach schien die Arbeit nicht mehr ganz so schwer. Immer, wenn sie drohte, sie zu überwältigen, dachte Anna daran, daß sie sich nicht ewig würde anstrengen müssen, und dann stellte sich für gewöhnlich heraus, daß sie es doch schaffte.

Und dann war eines Tages ihre ganze Welt verändert.
Es war an einem Montagmorgen, und Colette traf Anna am Schultor.
»Was hast du am Sonntag gemacht?« rief sie – und statt sich die Frage im Geist ins Deutsche zu übersetzen, sich eine Antwort auszudenken und sie ins Französische zu übersetzen, rief Anna zurück: »Wir sind unsere Freunde besuchen gegangen.«
Die Worte schienen aus dem Nichts zu kommen, sie kamen in vollendetem Französisch, ohne daß sie überhaupt nachdenken mußte. Sie war so erstaunt, daß sie ganz still stehenblieb und nicht einmal Colettes nächste Frage hörte.
»Ich habe gefragt«, schrie Colette, »ob du die Katze spazierengeführt hast?«
»Nein, es war zu naß«, sagte Anna – wieder in perfektem Französisch und ohne nachzudenken.
Es war wie ein Wunder. Sie konnte nicht glauben, daß es dauern würde. Es war, als hätte sie plötzlich herausgefunden, daß sie fliegen konnte, und sie erwartete jeden Augenblick, wieder auf die Erde zu stürzen. Mit schneller pochendem Herzen als

sonst betrat sie das Klassenzimmer – aber ihre neue Fähigkeit blieb. In der ersten Stunde beantwortete sie vier Fragen richtig, so daß Madame Socrate erstaunt aufblickte und sagte: »Gut gemacht.« In der Pause plauderte und lachte sie mit Colette, und während des Mittagessens erklärte sie Clothilde, wie Mama Leber mit Zwiebeln zubereitete. Ein paarmal zögerte sie noch, und natürlich machte sie noch Fehler. Aber die meiste Zeit konnte sie französisch so sprechen wie sie deutsch sprach – automatisch und ohne nachzudenken. Am Ende des Tages war sie beinahe schwindelig vor Erregung, aber gar nicht müde, und als sie am nächsten Morgen aufwachte, erlebte sie einen Augenblick tiefen Schreckens. Wenn nun ihre neue Fähigkeit, so plötzlich wie sie gekommen, wieder verschwunden war? Aber sie hätte sich keine Sorgen zu machen brauchen. Als sie in die Schule kam, stellte sie fest, daß sie sogar flüssiger sprach als am Tag zuvor.

Am Ende der Woche betrachtete Mama sie voller Erstaunen. »Ich habe noch nie bei einem Menschen eine solche Veränderung erlebt«, sagte sie, »vor ein paar Tagen sahst du noch blaß und elend aus. Jetzt ist es, als wärest du fünf Zentimeter gewachsen, und du hast ganz rosige Wangen. Was ist nur mit dir geschehen?«

»Ich glaube, ich kann jetzt französisch sprechen«, sagte Anna.

20

Zu Weihnachten konnten sie noch weniger Geld ausgeben als im vergangenen Jahr, aber wegen der Fernands war es lustiger. Das größte Fest ist in Frankreich nicht der Weihnachtsabend, sondern Silvester, und man erlaubt dann sogar den Kindern, bis Mitternacht aufzubleiben. Sie waren alle zu einem festlichen Essen bei Fernands eingeladen, wo sie auch Geschenke austauschten. Anna hatte etwas von ihrem Taschengeld genommen, um Schokolade als Geschenk für die weiße Katze zu kaufen, und statt nach dem Essen mit Max und Francine zu spielen, blieb sie im Wohnzimmer, um die Katze auf dem Fußboden mit kleinen Stückchen Schokolade zu füttern. Mama und Madame Fernand wuschen in der Küche das Geschirr und Papa und Monsieur Fernand tranken Cognac und führten, tief in ihre Sessel zurückgelehnt, eins ihrer endlosen Gespräche. Papa schien an dem Gespräch sehr interessiert, und Anna war froh, denn seit dem Morgen, an dem eine Postkarte von Onkel Julius gekommen war, war er schweigsam und niedergeschlagen gewesen. Während des ganzen Jahres waren in unregelmäßigen Abständen Postkarten von Onkel Julius gekommen, und obgleich sie nie etwas wirklich Neues mitteilten, waren sie immer voller Herzlichkeit. Manchmal waren kleine Scherze darauf, und immer Nachrichten für »Tante Alice«, auf die Papa antwortete. Die letzte Karte war wie gewöhnlich an Anna adressiert gewesen, aber »Tante Alice« war nicht erwähnt, es fehlten auch Glückwünsche zum neuen Jahr. Statt dessen trug die Rückseite eine Abbildung von Bären, und Onkel Julius hatte nur geschrieben: »Je mehr ich von den Menschen sehe, desto mehr liebe ich die Tiere.« Er hatte nicht einmal wie sonst mit seinen Anfangsbuchstaben unterschrieben, aber wegen der schönen, zierlichen Handschrift wußten sie, daß die Karte von ihm kam.

Papa hatte sie gelesen, ohne ein Wort zu sagen, und sie dann zu den anderen Karten und Briefen von Onkel Julius gelegt, die er sorgfältig in einer Schublade seines Schreibtisches verwahrte. Er hatte für den Rest des Tages kaum gesprochen, und es tat gut, zu sehen, wie angeregt er sich jetzt mit Monsieur Fernand unterhielt.

»Aber Sie leben in einem freien Land«, sagte er gerade, »nichts anderes ist wichtig.«

»Ja, aber . . .«, sagte Monsieur Fernand, und Anna merkte, daß er sich wieder wegen der Wirtschaftskrise Sorgen machte. Die Wirtschaftskrise war das einzige, das Monsieur Fernand die gute Laune verderben konnte, und obgleich Anna schon mehrmals gefragt hatte, was das sei, hatte es ihr niemand erklären können. Es war etwas, das in Frankreich geschehen war, und es hatte zur Folge, daß alle weniger Geld und weniger Arbeit hatten, und es hatte zur Folge gehabt, daß ein paar von Monsieur Fernands Kollegen von der Zeitung entlassen wor-

den waren. Immer wenn Monsieur Fernand über die Wirtschaftskrise redete, erinnerte Papa ihn daran, daß er in einem freien Land lebte, und diesmal war Papa, vielleicht wegen Onkel Julius, beredter als sonst.
Monsieur Fernand stritt sich eine Weile mit ihm, dann lachte er plötzlich. Die weiße Katze öffnete vor Überraschung bei dem Geräusch den Mund, und ein Bröckchen Schokolade fiel heraus. Als Anna aufblickte, füllte Monsieur Fernand gerade wieder Papas Glas und klopfte ihm auf die Schulter.
»Es ist seltsam«, sagte er, »daß Sie versuchen, uns auf die positiven Seiten der Situation hinzuweisen, wo Sie doch mehr Sorgen haben als irgend jemand von uns.«
Dann kamen Mama und Madame Fernand wieder ins Zimmer, und bald war es Mitternacht, und alle, sogar die Kinder, tranken auf ein glückliches neues Jahr.
»Auf ein glückliches 1935!« rief Monsieur Fernand und alle wiederholten: »Auf ein glückliches 1935!«
»Für uns und alle unsere Freunde«, sagte Papa still, und Anna wußte, daß er an Onkel Julius dachte. –
Im Februar erkrankte Mama an Grippe, und gerade als es ihr wieder etwas besser ging, bekam die Concierge ein schlimmes Bein. Seit Gretes Weggang hatte Mama die meiste Hausarbeit selber getan, aber die Concierge war jeden Morgen eine Stunde nach oben gekommen, um die gröbsten Arbeiten zu machen. Jetzt war Mama ganz allein damit. Sie hatte Hausarbeit nie gemocht und fühlte sich elend, wie die meisten Leute nach einer Grippe, und die ganze Last des Saubermachens, Kochens, Waschens, Bügelns und Flickens schien ihr unerträglich. Anna und Max halfen ein wenig mit Einkaufen und Mülleimerleeren, aber natürlich blieb der größte Teil der Arbeit für Mama, und sie murrte unablässig darüber.
»Ich habe nichts gegen das Kochen«, sagte sie, »aber das endlose Waschen und Bügeln und Flicken – es braucht soviel Zeit und nimmt nie ein Ende.«
Papa war überhaupt keine Hilfe. Er hatte keine Vorstellung davon, was in einem Haushalt alles getan werden muß, und wenn Mama sich beklagte, wie das Bügeln der Bettwäsche sie ermüdete, schien er ehrlich erstaunt.

»Aber warum bügelst du sie denn überhaupt?« fragte er. »Wenn man in der Wäsche schläft, wird sie doch ohnehin wieder verknittert.«
»Oh, du verstehst überhaupt nichts!« schrie Mama.
Es war ihr besonders schlimm, weil Omama einen Besuch bei Großtante Sarah plante, und Mama wollte, daß die Wohnung tadelos war, wenn Omama sie besichtigen kam. Aber während sie die Zimmer putzte – und Mama putzte sie mit einer Art von Gewalttätigkeit, die sie bei Grete oder der Concierge nie erlebt hatten – häufte sich die Wäsche an, und während sie gute und billige Mahlzeiten kochte, wuchs und wuchs der Stapel der Sachen, die geflickt werden mußten. Da Papa ganz unfähig schien, ihre Schwierigkeiten zu verstehen, hatte sie manchmal das Gefühl, daß er an allem schuld sei, und eines Abends bekamen sie Streit.
Mama versuchte, eins von Annas alten Hemdchen zu flicken und stöhnte dabei ausgiebig, weil noch ein Haufen Socken und Kissenbezüge darauf warteten, gestopft zu werden, wenn sie mit dem Hemd fertig war. Da ergriff Papa das Wort:
»Das ist doch bestimmt ganz unnötig«, sagte er, »es kann doch keine echte Notwendigkeit bestehen, das Unterzeug der Kinder zu flicken, da es doch niemand sieht.«
Anna fand, er hätte wissen müssen, daß dies eine Explosion hervorrufen würde.
»Du hast keine Ahnung – keine Ahnung!« schrie Mama, »keine Ahnung von der Arbeit, die ich bewältigen muß. Ich mache mich völlig fertig mit waschen und kochen und bügeln und flicken, und alles, was du dazu zu sagen hast, ist, daß es nicht notwendig ist.«
»Das sage ich nur, weil du immer klagst«, sagte Papa. »Schließlich scheinen andere Frauen doch zurechtzukommen. Zum Beispiel Madame Fernand.«
Dies rief einen neuen Ausbruch hervor.
»Madame Fernand liebt den Haushalt!« schrie Mama. »Und sie hat eine tägliche Hilfe und eine Nähmaschine. Sieh dir das an«, schrie sie und schwenkte einen zerrissenen Kissenbezug. »Sie könnte das hier in zwei Minuten flicken, während ich mindestens eine halbe Stunde brauche. Wenn du mich mit ihr ver-

gleichst, so zeigt das, daß du keine Ahnung hast, wovon du redest.«
Papa war von ihrer Heftigkeit betroffen. Er liebte Mama und haßte es, sie betrübt zu sehen.
»Ich wollte nur sagen«, sagte er, »daß es für eine intelligente Person wie dich doch Möglichkeiten geben müßte, zu vereinfachen . . .«
»Da fragst du besser Madame Fernand!« schrie Mama. »Alles was ich gelernt habe, ist Klavierspielen!« – Und sie lief aus dem Zimmer und knallte die Tür hinter sich zu.
Als Anna am folgenden Tag aus der Schule kam, traf sie Papa im Lift. Er trug eine große Holzkiste mit einem Griff daran.
»Was ist das?« fragte Anna, und Papa sagte: »Ein Geschenk für Mama.«
Anna konnte es kaum abwarten, zu sehen, was es war, aber Mama machte beim Anblick des Geschenkes ein langes Gesicht.
»Du hast doch wohl nicht . . .« fing sie an, aber Papa hob den Deckel und sagte stolz: »Eine Nähmaschine!«
Anna fand, daß die Nähmaschine ganz anders aussah als die von Madame Fernand. Madame Fernands Nähmaschine war silbrig, und diese war grau-schwarz und hatte eine sonderbare Form.
»Natürlich ist es keine neue«, sagte Papa, »und vielleicht muß sie gereinigt werden. Aber du wirst damit die Kissenbezüge und Strümpfe flicken können, und Kleider für die Kinder nähen, wenn Madame Fernand es dir zeigt . . .«
»Ich kann keine Kleider schneidern«, sagte Mama, »und mit einer Nähmaschine kann man keine Socken stopfen.« Sie sah richtig entsetzt aus.
»Nun, irgend etwas tut man doch mit einer Nähmaschine«, sagte Papa.
Sie starrten alle das Ding auf dem Tisch an. Anna dachte, es sieht nicht so aus, als könnte man irgendwas damit machen.
»Wieviel hat sie gekostet?« fragte Mama.
»Mach dir darüber keine Sorgen«, sagte Papa, »ich bin heute für den Extra-Artikel für die Pariser Zeitung bezahlt worden.«
Bei dieser Antwort geriet Mama ganz außer sich.

»Aber wir brauchen das Geld!« schrie sie. »Hast du das vergessen? Ich muß die Miete und den Metzger bezahlen, und Anna braucht neue Schuhe. Wir wollten doch diese Dinge mit dem Geld für den Artikel bezahlen.«

Papa machte ein betrübtes Gesicht. Es war klar, daß er es vergessen hatte. Aber bevor Mama noch mehr sagen konnte, schellte es, und als Anna die Tür öffnete, war es Madame Fernand. In der Aufregung über die Nähmaschine hatten alle vergessen, daß sie zum Tee kommen sollte.

»Sehen Sie mal!« riefen Mama und Papa, aber jeder in einem anderen Ton, als Anna den Gast ins Eßzimmer führte.

Madame Fernand betrachtete die Nähmaschine mit ungläubigen Blicken.

»Wo in aller Welt haben Sie die gefunden?« fragte sie. »Die muß noch aus der Arche Noah stammen.«

»Ist sie so alt?« fragte Papa.

Madame Fernand untersuchte die Maschine näher.

»Haben Sie sie gekauft?« fragte sie, immer noch in erstauntem Ton.

»Gewiß«, sagte Papa.

»Aber die Nadelplatte«, sagte Madame Fernand, »sie ist gebrochen. Und der Schaft ist seitwärts verbogen – irgend jemand muß sie fallen gelassen haben – sie kann unmöglich funktionieren.« Sie bemerkte einige erhabene Stellen an der Seite der Maschine und rieb sie mit ihrem Taschentuch. Allmählich tauchten unter dem Schmutz Ziffern auf. Sie bildeten ein Datum – 1896. Madame Fernand steckte ihr Taschentuch wieder ein.

»Als Antiquität mag sie ganz interessant sein«, sagte sie bestimmt, »aber als Nähmaschine muß sie zurückgebracht werden.«

Papa konnte immer noch nicht glauben, daß sein herrliches Geschenk nutzlos sein sollte.

»Sind Sie sicher?« fragte er.

»Ganz sicher«, sagte Madame Fernand. »Bringen Sie sie schnell zurück und lassen Sie sich Ihr Geld zurückgeben.«

»Und krieg ich dann auch meine neuen Schuhe?« fragte Anna. Sie wußte, daß dies nicht der richtige Augenblick war, danach

zu fragen, aber ihre alten waren ganz zerschlissen, und zudem drückten sie an den Zehen, und sie hatte sich schon so lange auf die neuen gefreut.
»Natürlich, natürlich«, sagte Mama ungeduldig, aber Papa zögerte immer noch.
»Hoffentlich nehmen sie sie zurück«, sagte er, »der alte Mann, der sie mir verkaufte, schien nicht sehr entgegenkommend.«
»Ich gehe mit Ihnen«, sagte Madame Fernand. »Ich will die Bude sehen, wo man antike Nähmaschinen verkauft.« Auch Anna ging mit.
Der Laden verkaufte nicht, wie Anna erwartet hatte, nur Nähmaschinen, sondern die verschiedensten Sachen, zum Beispiel alte Stühle, wacklige Tischchen und gesprungene Bilder. Einige der Sachen waren auf dem Bürgersteig aufgebaut, und ein kleiner, schlecht gekleideter Mann war damit beschäftigt, ein Tigerfell mit kahlen Stellen über eine Kommode zu drapieren. Als er Papa erblickte, schlossen sich seine seltsam hellen Augen zur Hälfte.
»Guten Tag«, sagte Papa höflich wie immer. »Ich habe heute morgen diese Nähmaschine bei Ihnen gekauft, aber leider funktioniert sie nicht.«
»Wirklich nicht?« sagte der Mann, aber er schien nicht sehr überrascht.
»Nein«, sagte Papa, darum habe ich sie zurückgebracht.«
Der Mann sagte nichts.
»Und ich wäre froh, wenn Sie so freundlich wären, mir mein Geld zurückzugeben.«
»Aber nein«, sagte der Mann. »Das kann ich nicht. Geschäft ist Geschäft.«
»Aber die Maschine funktioniert nicht«, sagte Papa.
»Hören Sie, mein Herr«, sagte der Mann und ließ für einen Augenblick das Tigerfell liegen. »Sie kamen hierher und kauften eine Nähmaschine. Jetzt haben Sie sich's anders überlegt und wollen Ihr Geld zurück. Also, solche Geschäfte mache ich nicht. Ein Geschäft ist ein Geschäft und weiter ist dazu nichts zu sagen.«
»Ich bin ganz Ihrer Meinung, daß ein Geschäft ein Geschäft ist, aber die Maschine ist zerbrochen.«

»Wo?« sagte der Mann.
Papa wies mit einer unbestimmten Handbewegung auf die Stelle. Der Mann ließ sich nicht beeindrucken. »Ein paar kleine Teile mögen nicht ganz in Ordnung sein. Es kostet Sie so gut wie nichts, sie ersetzen zu lassen. Sie können schließlich nicht verlangen, daß sie tadellos ist – bei dem Preis, den Sie dafür bezahlt haben.«
»Nein, wahrscheinlich nicht«, sagte Papa, »aber da sie überhaupt nicht funktioniert, sollten Sie sie zurücknehmen, finden Sie nicht auch?«
»Nein, das finde ich nicht«, sagte der Mann.
Papa schien nicht mehr zu wissen, was er sagen sollte, und Anna sah ihre neuen Schuhe in weiter Ferne verschwinden. Sie wußte, daß Papa betrogen worden war, aber sie wußte auch, daß er nur das Beste gewollt hatte, und daß er nicht der Mensch war, der den Mann zwingen konnte, das Geld zurückzugeben. Sie seufzte, aber sie hatte nicht mit Madame Fernand gerechnet.
»Jetzt hören Sie mal zu«, schrie Madame Fernand so laut, daß mehrere Passanten sich umdrehten. »Sie haben diesem Mann ein Wrack von einer Nähmaschine verkauft und ihm versichert, daß sie funktioniert. Das ist gegen das Gesetz. Ich werde sofort die Polizei benachrichtigen, und ich zweifle nicht, daß die sich auch für den anderen Kram hier sehr interessieren wird.«
»Nein, meine Dame – bitte nicht!« rief der Mann. Seine Augen waren plötzlich weit offen.
»Versuchen Sie nur nicht, mir einzureden, daß Sie auf ehrliche Weise an dieses Zeug gekommen sind«, rief Madame Fernand und zupfte verächtlich an dem Tigerfell. »An ihrem ganzen Geschäft ist überhaupt nichts Ehrliches. Wenn die Polizei mit Ihnen fertig ist, wird mein Mann, der Journalist ist, Sie in seiner Zeitung bloßstellen . . .«
»Bitte, meine Dame!« rief der Mann noch einmal, und kramte in seiner Tasche. »Das ist doch nur ein Mißverständnis.« Und er reichte Papa hastig ein paar Scheine aus seiner schmierigen Brieftasche.
»Stimmt die Summe?« fragte Madame Fernand streng.

»Es scheint so«, sagte Papa.
»Dann wollen wir gehen«, sagte sie.
Sie waren erst ein paar Schritte gegangen, als der Mann hinter ihnen hergelaufen kam.
Was ist denn jetzt wieder, dachte Anna ängstlich.
Der Mann machte eine entschuldigende Geste.
»Entschuldigen Sie, mein Herr, aber würde es Ihnen etwas ausmachen?« sagte er.
Papa blickte an sich herunter und sah, daß er die Nähmaschine immer noch in der Hand hielt. Er stellte sie schnell hin. »Es tut mir schrecklich leid«, sagte er, »ich fürchte, ich war etwas verwirrt.«
»Natürlich, mein Herr, selbstverständlich, mein Herr«, sagte der Mann, wenn auch keineswegs mit Überzeugung.
Als Anna sich einen Augenblick später noch einmal umdrehte, war er gerade dabei, die Nähmaschine auf dem Tigerfell zurechtzustellen.
Sie begleiteten Madame Fernand zu ihrer Metrostation.
»Und machen Sie jetzt keinen Blödsinn mehr mit Nähmaschinen«, sagte sie, bevor sie sich trennten. »Sie wissen, daß Sie meine jederzeit borgen können. Und sag deiner Mutter«, fügte sie zu Anna gewandt, hinzu, »daß ich morgen vorbeischaue und ihr ein bißchen beim Flicken helfe.«
Sie blickte Papa mit einer Art von Bewunderung an.
»Sie beide«, sagte sie, »scheinen mir die beiden unpraktischsten Menschen in der ganzen Welt zu sein.«
Anna und Papa gingen zusammen nach Hause. Es war kalt, aber der Himmel war von einem hellen, klaren Blau, und obgleich noch kein Zeichen des Frühlings zu sehen war, spürte man doch, daß er nicht mehr allzuweit entfernt sein konnte. An diesem Morgen hatte Anna im Diktat nur drei Fehler gehabt. Das Geld für ihre neuen Schuhe war sicher in Papas Tasche. Sie war sehr glücklich.

21

Omama kam kurz vor Ostern bei Großtante Sarah an und besuchte Mama und die Kinder am folgenden Nachmittag. Mit Hilfe der Concierge (deren Bein besser geworden war) hatte Mama die Wohnung gesäubert und aufgeräumt und das Beste daraus gemacht, aber nichts konnte über die Tatsache hinwegtäuschen, daß sie sehr klein und spärlich möbliert war.

»Kannst du nichts Größeres finden?« fragte Omama, als sie alle von dem roten Wachstuch im Eßzimmer Tee tranken.

»Eine größere Wohnung würde mehr Geld kosten«, sagte Mama und legte Omama von ihrem selbstgebackenen Apfelkuchen vor.

»Wir können uns diese hier kaum leisten.«

»Aber dein Mann . . .« Omama schien ganz überrascht.

»Es ist die Wirtschaftskrise, Mutter«, sagte Mama. »Davon hast du doch bestimmt gelesen! Wo so viele französische Journalisten arbeitslos sind, wird keine französische Zeitung einen Deutschen bitten, für sie zu schreiben, und die Pariser Zeitung kann es sich nicht leisten, viel zu zahlen.«

»Ja, aber trotzdem . . .« Omama sah sich in dem kleinen Zimmer um, ziemlich unhöflich, wie Anna fand, denn schließlich war es gar nicht so übel, und gerade in diesem Augenblick wippte Max mit seinem Stuhl, und stürzte mit dem Teller voll Apfelkuchen hintenüber auf den Boden. ». . . hier können doch keine Kinder aufwachsen«, beendete Omama ihren Satz, genau als habe Max ihrem Gedanken zum Ausdruck verholfen. Anna und Max brachen in hemmungsloses Gelächter aus, aber Mama sagte in ziemlich scharfem Ton: »Unsinn, Mutter!« Und dann sagte sie Max, er solle hinausgehen und sich säubern. »Tatsächlich entwickeln die Kinder sich sehr gut«, sagte sie zu Omama, und als Max außer Hörweite war, fügte sie hinzu: »Max arbeitet zum ersten Mal in seinem Leben.«

»Und ich werde für das certificat d'études geprüft«, sagte Anna. Dies war ihre große Neuigkeit. Madame Socrate hatte gesagt, sie habe sich so gebessert, daß kein Grund mehr bestehe, warum sie nicht im Sommer mit dem Rest der Klasse ins Examen gehen sollte.

»Das certificat d'études?« sagte Omama. »Ist das nicht eine Art von Elementarschul-Examen?«

»Es ist für zwölfjährige französische Kinder«, sagte Mama, »und Annas Lehrerin hält es für bemerkenswert, daß sie so schnell aufgeholt hat.«

Aber Omama schüttelte den Kopf.

»Es kommt mir alles so seltsam vor«, sagte sie und blickte Mama traurig an. »So verschieden von der Art, wie ihr erzogen worden seid.«

Sie hatte allen ein Geschenk mitgebracht, und wie in der Schweiz unternahm sie während ihres Aufenthaltes in Paris mehrere Ausflüge mit Mama und den Kindern, die das sehr genossen, weil sie sich das normalerweise nie hätten erlauben können. Aber in Wirklichkeit verstand Omama ihr neues Leben nicht. »So sollten Kinder nicht aufwachsen«, wurde eine Art von Schlagwort in der Familie.

»So sollten Kinder nicht aufwachsen«, sagte Max zum Beispiel vorwurfsvoll zu Mama, wenn diese vergessen hatte, ihm Schulbrote mitzugeben, und Anna schüttelte den Kopf, und sagte: »So sollten Kinder nicht aufwachsen«, wenn Max das Treppengeländer hinunterrutschte und die Concierge ihn dabei erwischte. Nach einem von Omamas Besuchen fragte Papa, der es gewöhnlich vermied, sie zu treffen: »Wie war deine Mutter?« Anna hörte Mama antworten: »Freundlich und völlig phantasielos wie gewöhnlich.«

Als Omama in den Süden Frankreichs zurückfahren mußte, umarmte sie Mama und die Kinder zärtlich.

»Und denk daran«, sagte sie zu Mama, »wenn du je in Schwierigkeiten bist, kannst du mir die Kinder schicken.«

Anna fing einen Blick von Max auf und murmelte: »So sollten Kinder nicht aufwachsen!« Und obgleich es ihnen, wenn sie an Omamas Güte dachten, gemein vorkam, mußten sie beide schreckliche Grimassen schneiden, um nicht in Lachen auszuplatzen.

Nach den Osterferien konnte Anna es kaum erwarten, bis die Schule wieder anfing. Es gefiel ihr alles so gut, seit sie gelernt hatte, richtig französisch zu sprechen. Plötzlich schien die Arbeit ganz leicht, und sie hatte Freude daran gefunden, Ge-

schichten und Aufsätze auf französisch zu schreiben. Es war ganz anders als deutsch zu schreiben. Man konnte sich mit den französischen Wörtern viel eleganter ausdrücken – und das fand sie seltsam aufregend.
Sogar die Hausaufgaben waren jetzt nicht mehr eine solche Last. Am schlimmsten waren die langen französischen Stücke, die für Geschichte und Erdkunde auswendig gelernt werden mußten, aber Anna und Max hatten eine Methode entdeckt, wie man auch damit fertig werden konnte. Wenn sie die entsprechenden Abschnitte als letztes vor dem Einschlafen lernten, konnten sie sie am Morgen. Am Nachmittag fingen sie schon an zu verblassen, und am nächsten Tag waren sie ganz vergessen – aber sie blieben so lange im Gedächtnis, wie man sie brauchte.
Eines Abends kam Papa in ihr Schlafzimmer, als sie sich gerade gegenseitig abhörten. Anna mußte über Napoleon lernen, und Papa machte ein erstauntes Gesicht, als sie ihr Stück herunterschnurrte. Es fing an mit: »Napoleon wurde auf Korsika geboren«, und dann folgte eine lange Liste von Daten und Schlachten, bis es endlich hieß: »Er starb im Jahre 1821.«
»Was für eine seltsame Art, etwas über Napoleon zu lernen«, sagte Papa. »Ist das alles, was du über ihn weißt?«
»Aber mehr muß man nicht wissen«, sagte Anna ziemlich beleidigt, besonders, da sie keinen einzigen Fehler gemacht hatte.
»Nein, es ist nicht alles«, sagte Papa. Dann setzte er sich auf ihr Bett und begann über Napoleon zu sprechen. Er erzählte den Kindern von Napoleons Kindheit auf Korsika, von seinen vielen Brüdern und Schwestern, wie glänzend er in der Schule war, daß er mit fünfzehn Offizier und mit sechsundzwanzig Befehlshaber der gesamten französischen Armee war; wie er seine Geschwister zu Königen und Königinnen der Länder machte, die er erobert hatte, wie das alles nie seine Mutter, eine italienische Bauersfrau, hatte beeindrucken können.
»C'est bien pourvu que ça dure«, sagte sie immer mißbilligend, wenn Nachrichten von neuen Triumphen kamen, und das hieß: »Es ist gut, solange es dauert.«
Dann erzählte er ihnen, wie ihre bösen Vorahnungen sich bestätigt hatten, wie die halbe französische Armee bei dem un-

glücklichen Feldzug gegen Rußland umkam, und wie Napoleon schließlich einsam auf der winzigen Insel St. Helena gestorben war.

Anna und Max lauschten aufmerksam.

»Es ist genau wie ein Film«, sagte Max.

»Ja«, sagte Papa nachdenklich, »ja, das stimmt.«

»Es ist schön, daß Papa jetzt mehr Zeit hat, mit uns zu reden«, dachte Anna. Es lag daran, daß wegen der Wirtschaftskrise die Pariser Zeitung ihren Umfang verringert hatte und nicht mehr so viele seiner Artikel drucken konnte. Papa und Mama fanden das gar nicht gut, und besonders Mama machte sich ständig Sorgen wegen des Geldes.

»Wir können so nicht weitermachen«, hörte Anna sie einmal zu Papa sagen. »Ich wußte immer, daß wir sofort hätten nach England gehen sollen.«

Aber Papa zuckte nur die Schultern und sagte: »Es wird sich finden.«

Bald danach wurde Papa wieder sehr geschäftig, und Anna konnte ihn in seinem Zimmer bis spät in die Nacht tippen hören. Sie nahm also an, daß »es sich gefunden« hatte, und machte sich keine Gedanken mehr darüber. Sie war auch jetzt zu sehr mit der Schule beschäftigt, um das, was zu Hause vorging, genau zu beobachten. Das certificat d'études rückte immer näher, und Anna war entschlossen, die Prüfung zu bestehen. Das würde, da sie erst ein Jahr und neun Monate in Frankreich war, gewiß ein großer Sieg sein.

Schließlich war der Prüfungstag gekommen, und an einem heißen Julimorgen führte Madame Socrate ihre Klasse über die Straße zu einer benachbarten Schule. Das Examen sollte von fremden Lehrern abgenommen werden, damit alles ganz gerecht zuging. Alles sollte an einem Tag erledigt werden, so daß für die einzelnen der vielen Prüfungsfächer nicht viel Zeit blieb. Diese Fächer waren: Französisch, Rechnen, Geschichte, Erdkunde, Singen, Handarbeit, Kunst und Turnen.

Zuerst kam Rechnen dran. Eine Stunde lang wurde schriftlich gerechnet, und Anna hatte das Gefühl, ganz gut abgeschnitten zu haben, dann kam ein französisches Diktat, dann eine Pause von zehn Minuten.

»Wie ist es gegangen?« fragte Anna Colette.
»Ganz gut«, sagte Colette.
Bis jetzt war es nicht so schlimm gewesen.
Nach der Pause bekamen sie zwei Blätter mit Fragen aus der Geschichte und Erdkunde; für jedes Blatt hatten sie eine halbe Stunde Zeit. Und dann – kam das Unglück!
Im Nähen war Anna ganz schlecht. Sie konnte sich die Namen der verschiedenen Stiche nicht merken, und – vielleicht weil Mama es so schlecht konnte – sie fand, daß es reine Zeitverschwendung sei. Sogar Madame Socrate hatte ihr Interesse fürs Nähen nie wecken können. Sie hatte eine Schürze zugeschnitten, die Anna säumen sollte, aber Anna war so langsam bei der Arbeit gewesen, daß ihr die Schürze, als sie fertig war, gar nicht mehr paßte.
Die Ankündigung der Nähprüfung versetzte sie daher in tiefe Niedergeschlagenheit, die noch zunahm, als man ihr ein viereckiges Stück Stoff, Nadel und Faden und ein paar unverständliche Anweisungen gab. Eine halbe Stunde lang riet sie verzweifelt herum, zerriß den Faden und zerrte aufgeregt an Knoten, die sich, sie wußte nicht wie, bildeten, und schließlich lieferte sie einen so zerknitterten und ausgefransten Lappen ab, daß die Lehrerin, die die Arbeiten einsammelte, bei seinem Anblick zurückfuhr. Während des Frühstücks auf dem Schulhof mit Colette war sie ganz niedergeschlagen.
»Wenn man in einem Fach versagt, ist dann das ganze Examen umsonst?« fragte Anna, während sie auf einer Bank im Schatten ihr Butterbrot aßen.
»Ich fürchte ja«, sagte Colette, »außer man besteht in einem anderen Fach mit Auszeichnung. Das gilt dann als Ausgleich.«
Anna ließ sich die Arbeiten, die sie schon hinter sich hatte, noch einmal durch den Kopf gehen. Außer dem Nähen hatte sie alle gut geschafft. Aber das reichte gewiß nicht aus, um mit Auszeichnung zu bestehen. Die Wahrscheinlichkeit, daß sie bestand, schien sehr gering.
Als sie aber am Nachmittag die Themen für den französischen Aufsatz erfuhr, faßte sie wieder Mut. Man konnte aus drei Themen wählen, und eins hieß: »Eine Reise.« Anna entschloß sich, zu beschreiben, wie sie sich Papas Reise vorstellte, als er

mit hohem Fieber von Berlin nach Prag fuhr und nicht wußte, ob man ihn an der Grenze anhalten würde. Sie hatten eine ganze Stunde dafür, und während sie schrieb, konnte sie sich Papas Reise immer lebhafter vorstellen. Sie glaubte, genau zu wissen, wie es gewesen war, und wie sich wegen des Fiebers seine Befürchtungen und das, was wirklich geschah, immer vermischt hatten. Als Papa in Prag ankam, hatte sie beinahe fünf Seiten geschrieben, und sie hatte eben noch Zeit, sie auf Rechtschreibung und Zeichensetzung durchzusehen, bevor die Arbeiten eingesammelt wurden. Ihr schien, daß dies einer der besten Aufsätze war, die sie je geschrieben hatte, und wenn nicht das biestige Nähen gewesen wäre, würde sie bestimmt bestehen.

Die einzigen Prüfungen, die jetzt noch ausstanden, waren die im Singen und Turnen. Jedes Kind mußte einzeln singen, aber da die Zeit vorgeschritten war, ging alles sehr schnell.

»Sing die Marseillaise«, forderte die Lehrerin sie auf, aber als Anna die ersten Takte gesungen hatte, unterbrach sie sie. »Gut – das genügt«, sagte sie, und dann rief sie: »Die nächste!«

Für das Turnen blieben nur noch zehn Minuten.

»Schnell, schnell«, rief die Lehrerin, trieb die Kinder auf den Hof und ließ sie sich aufstellen. Eine andere Lehrerin half dabei. Sie stellten die Kinder in vier langen Reihen im Abstand von ein bis zwei Metern auf.

»Achtung«, rief eine der Lehrerinnen, »wir stehen auf dem rechten Bein und heben das linke Bein nach vorn.«

Alle gehorchten, nur Colette hatte zuerst auf dem linken Bein gestanden und mußte es schnell und heimlich wechseln. Anna stand kerzengerade, die Arme zur Seite gestreckt, um das Gleichgewicht zu halten, und hob das linke Bein so hoch sie konnte. Aus den Augenwinkeln konnte sie die anderen sehen, und niemandes Bein war so hoch wie das ihre. Die beiden Lehrerinnen gingen durch die Reihen. Einige Mädchen fingen an zu wackeln und das Gleichgewicht zu verlieren, und die Prüfer machten sich Notizen auf ein Blatt Papier. Als sie zu Anna kamen, blieben sie stehen. »Sehr gut«, sagte die eine.

»Wirklich ausgezeichnet«, sagte die andere, »was meinen Sie . . .?«

»Oh, ganz entschieden!« sagte die erste Lehrerin und machte ein Zeichen auf das Blatt Papier.
»Fertig. Ihr könnt nach Hause gehen!« riefen sie, als sie bis ans Ende der Reihe gekommen waren, und Colette stürzte auf Anna zu und umarmte sie.
»Du hast's geschafft, du hast's geschafft!« rief sie. »Du hast ein Ausgezeichnet im Turnen, es ist also ganz gleich, wenn du im Nähen durchgefallen bist.«
»Glaubst du wirklich?« sagte Anna, aber sie fühlte sich selbst ziemlich sicher.
Glühend vor Freude ging sie durch die heißen Straßen und konnte es kaum erwarten, Mama alles zu erzählen.
»Willst du etwa sagen, daß es, weil du so ruhig auf einem Bein gestanden hast, nichts ausmacht, daß du nicht nähen kannst?« sagte Mama. »Was für ein seltsames Examen.«
»Ich weiß«, sagte Anna, »aber ich glaube, Französisch und Rechnen sind die wirklich wichtigen Sachen, und ich glaube, darin bin ich ganz gut gewesen.«
Mama hatte kaltes Zitronenwasser gemacht, und sie saßen mit ihren Gläsern im Eßzimmer, und Anna plapperte immer weiter: »Wir werden wohl die Ergebnisse in ein paar Tagen haben. Viel länger kann es nicht dauern, denn das Schuljahr ist ja bald zu Ende. Wäre das nicht herrlich, wenn ich bestanden hätte – wo wir doch nicht einmal zwei Jahre in Frankreich sind?«
Mama stimmte zu, es wäre wirklich herrlich. Da schellte es, und Max erschien ganz blaß und aufgeregt.
»Mama«, rief er, noch bevor er ganz im Zimmer war. »Du mußt am Samstag zur Preisverleihung kommen. Und wenn du was anderes vorhast, mußt du es absagen. Es ist sehr wichtig!«
Mama machte ein erfreutes Gesicht.
»Hast du einen Preis in Latein bekommen?« fragte sie.
Aber Max schüttelte den Kopf.
»Nein«, sagte er, und der Rest des Satzes schien ihm in der Kehle stecken zu bleiben. »Ich habe . . .« brachte er schließlich heraus, »ich habe den prix d'excellence gewonnen! Das bedeutet, daß ich der beste Schüler der Klasse bin.«
Natürlich brachen alle in Lob und Freudenbezeugungen aus. Sogar Papa unterbrach seine Arbeit, um die großartige Neuig-

keit zu hören, und Anna freute sich genau wie alle anderen. Aber trotzdem hätte sie gewünscht, sie wäre nicht gerade in diesem Augenblick gekommen. Sie hatte sich so angestrengt und so lange nur an das certificat d'etudes gedacht. Wenn sie jetzt bestand, würde es auf niemanden mehr Eindruck machen. Besonders, da ihr Erfolg teilweise darauf zurückzuführen war, daß sie auf einem Bein stehen konnte.

Als die Ergebnisse verkündet wurden, war es nicht halb so aufregend, wie sie erwartet hatte. Sie hatte bestanden, aber auch Colette und der größte Teil der Klasse. Madame Socrate händigte jedem erfolgreichen Prüfling einen Umschlag aus, in dem sich die Prüfungsbescheinigung mit dem Namen der Schülerin befand. Aber als Anna ihren Umschlag öffnete, fand sie noch etwas darin. An die Bescheinigung waren zwei Zehnfrancscheine und ein Brief des Bürgermeisters von Paris angeheftet.
»Was bedeutet das?« fragte sie Madame Socrate.
Madame Socrates verrunzeltes Gesicht erblühte in einem entzückten Lächeln.
»Der Bürgermeister von Paris hat beschlossen, für die zwanzig besten französischen Aufsätze von Kindern, die für das certificat d'etudes geprüft werden, Preise auszusetzen«, erklärte sie, »es scheint, daß du einen der Preise gewonnen hast.«
Als Anna Papa davon erzählte, freute er sich genauso wie über den prix d'excellence, den Max bekommen hatte.
»Es ist das erste Geld, das du als Berufsschriftstellerin verdienst«, sagte er. »Es ist wirklich bemerkenswert, daß du es in einer Sprache verdient hast, die nicht deine eigene ist.«

22

Die Sommerferien kamen, und es wurde Anna plötzlich bewußt, daß niemand etwas vom Verreisen sagte. Es war sehr heiß. Man spürte die Hitze des Pflasters durch die Schuhsohlen, die Straßen und Häuser schienen sich mit Sonnenwärme vollzusaugen, so daß sie auch bei Nacht nicht auskühlten. Die

Fernands waren gleich nach Schulschluß an die See gefahren, und als der Juli zu Ende ging und der August kam, wurde Paris langsam menschenleer. Der Schreibwarenladen an der Ecke hängte als erster ein Schild heraus: »Geschlossen bis September«, und mehrere andere folgten. Sogar der Eigentümer des Ladens, wo Papa die Nähmaschine gekauft hatte, hatte die Läden vorgehängt und war weggegangen.

Man wußte nicht, was man während der langen heißen Tage tun sollte. In der Wohnung war es zum Ersticken, und sogar auf dem schattigen Plätzchen, wo Anna und Max sonst spielten, war die Hitze zu groß, um etwas wirklich Interessantes anzufangen. Sie warfen einen Ball hin und her oder spielten eine Weile mit ihren Kreiseln, aber bald waren sie es müde, ließen sich auf eine Bank sinken und träumten vom Schwimmen und von kalten Getränken.

»Wäre es nicht herrlich, wenn wir jetzt am Zürcher See säßen und einfach hineinspringen könnten?«

Max zupfte an seinem Hemd, da, wo es ihm an der Haut klebte. »Das kannst du dir aus dem Kopf schlagen«, sagte er, »wir können kaum die Miete bezahlen, von wegfahren ganz zu schweigen.

»Ich weiß«, sagte Anna. Aber es klang so niedergeschlagen, daß sie hinzufügte: »Außer jemand kauft Papas Drehbuch.«

Papa hatte ein Filmmanuskript geschrieben, und der Einfall dazu war ihm gekommen, als er sich mit den Kindern über Napoleon unterhielt. Es handelte nicht von Napoleon selbst, sondern von seiner Mutter – wie sie ihre Kinder ohne Geld erzogen hatte und wie das Leben aller durch Napoleons Erfolge verändert worden war, und wie sie ihn schließlich noch überlebt hatte, eine alte blinde Frau, die noch lang nach seiner endgültigen Niederlage lebte. Es war das erste Drehbuch, das Papa geschrieben hatte, und daran hatte er gearbeitet, als Anna glaubte, die Sache mit der Pariser Zeitung hätte sich wieder gefunden. Da die Zeitung größere Schwierigkeiten hatte denn je, hofften sie, daß Papa statt dessen mit dem Film sein Glück machen würde – aber bis jetzt gab es noch kein Anzeichen dafür. Zwei französische Filmgesellschaften, denen Papa das Manuskript geschickt hatte, hatten es mit deprimierender Schnelligkeit zurückgesandt. Schließlich hatte Papa es an einen ungarischen Regisseur in England geschickt, aber daß er dort Erfolg haben würde, schien noch unwahrscheinlicher, denn es war nicht einmal sicher, ob der Ungar Deutsch lesen konnte. »Und obendrein«, dachte Anna, »warum sollten die Engländer, die Napoleons schlimmste Feinde gewesen waren, eher einen Film über ihn machen als die Franzosen?« Aber wenigstens war das Manuskript bis heute nicht zurückgekommen. Es bestand also immer noch Hoffnung.

»Ich kann mir nicht vorstellen, daß jemand den Film kauft«, sagte Max, »und ich weiß nicht, was Mama und Papa tun werden, um an Geld zu kommen.«

»Oh, irgendwas wird sich schon ergeben«, sagte Anna, aber insgeheim hatte sie doch ein bißchen Angst. Wenn sich nun nichts ergab?

Was dann?

Mama war reizbarer als je. Ganz geringfügige Dinge schienen sie aus der Fassung zu bringen, zum Beispiel, als Anna ihre Haarspange zerbrochen hatte.

»Konntest du denn nicht aufpassen?« war Mama aufgebraust, und als Anna bemerkte, daß eine Haarspange doch nur dreißig Centimes kostete, hatte Mama geschrien: »Dreißig Centimes sind dreißig Centimes!« und hatte darauf bestanden, daß man versuchen sollte, die Spange zu kleben, bevor man eine neue kaufte. Einmal hatte sie ganz aus heiterem Himmel gesagt: »Wie würde es euch eigentlich gefallen, eine Zeitlang bei Omama zu wohnen?«

Max hatte geantwortet: »Überhaupt nicht!« und sie hatten alle gelacht, aber hinterher war es ihnen gar nicht mehr so komisch vorgekommen.

Wenn sie nachts in dem dunklen, heißen Schlafzimmer lag, grübelte Anna darüber nach, was geschehen würde, wenn Papas finanzielle Lage sich nicht besserte. Würde man sie und Max wirklich wegschicken?

Mitte August kam ein Brief aus England. Er war von der Sekretärin des ungarischen Filmregisseurs unterschrieben. Sie schrieb, daß der ungarische Filmregisseur Papa für das Drehbuch danke, und er würde gern noch mehr von einem so ausgezeichneten Schriftsteller lesen, aber er müsse Papa darauf aufmerksam machen, daß das Interesse an Filmen über Napoleon im Augenblick sehr gering sei.

Mama, die beim Anblick der englischen Briefmarke ganz aus der Fassung geraten war, war tief enttäuscht.

»Er hat das Manuskript fast einen Monat und hat es nicht einmal gelesen!« rief sie. »Wenn wir nur in England wären! Dann könnten wir etwas in der Sache unternehmen.«

»Ich kann mir nicht vorstellen, was«, sagte Papa. Aber »wenn wir nur in England wären«, war in der letzten Zeit Mamas ständiger Kriegsschrei. Es war nicht nur wegen der netten englischen Erzieherin, die sie als Kind gehabt hatte, sie hörte auch dauernd von anderen Flüchtlingen, die sich in England niedergelassen und interessante Arbeit gefunden hatten. Sie haßte die französischen Zeitungen, weil sie Papa nicht aufforderten, für sie zu schreiben, und sie haßte die französischen Filmgesellschaften, weil sie seine Filme ablehnten, und vor allen Dingen haßte sie es, immer so wenig Geld zu haben, daß sogar der Kauf kleiner notwendiger Dinge wie eine Tube Zahnpasta zu einem großen Problem wurde.

Ungefähr zwei Wochen, nachdem der Brief aus England gekommen war, wurde es unerträglich. Es fing damit an, daß etwas an Mamas Bett kaputtging. Sie wollte nach dem Frühstück das Bett machen, hatte die Kissen und Bettücher schon weggepackt und wollte es wieder in ein Sofa verwandeln, als es plötzlich klemmte. Die Matratze, die gleichzeitig der Sitz war, sollte sich über den Bettkasten schieben, ließ sich aber nicht mehr bewegen. Mama rief Max zu Hilfe, und die beiden zogen, aber es war zwecklos. Der Sitz ragte hartnäckig ins Zimmer hinein, während sich Mama und Max den Schweiß von der Stirn wischten, denn es war schon sehr heiß. »Oh, warum muß dauernd was schiefgehen?« rief Mama, und dann fügte sie hinzu: »Die Concierge muß es in Ordnung bringen. Anna, lauf und bitte sie, heraufzukommen.«

Das war keine sehr angenehme Aufgabe. Um Geld zu sparen, hatte Mama die Vereinbarung mit der Concierge, nach der diese ihr jeden Tag beim Putzen half, aufgekündigt, und jetzt

war die Concierge immer sehr schlecht gelaunt. Glücklicherweise traf Anna sie vor der Wohnungstür.
»Ich habe Post heraufgebracht«, sagte die Concierge – es war nur eine Drucksache –, »und ich komme wegen der Miete.«
»Guten Morgen, Madame«, sagte Papa höflich wie immer, als er der Concierge im Flur begegnete, und als die Concierge Anna in Mamas Zimmer folgte, sagte Mama: »Könnten Sie wohl mal nach dem Bett sehen?«
Die Concierge gab dem Bett einen lässigen Stoß. »Die Kinder werden wohl wieder Unfug damit getrieben haben«, sagte sie, und dann fügte sie hinzu: »Ich komme wegen der Miete.«
»Die Kinder sind überhaupt nicht in die Nähe gekommen«, sagte Mama ärgerlich, »und was soll das mit der Miete? Sie ist erst morgen fällig.«
»Nein, heute«, sagte die Concierge.
»Aber es ist noch nicht der erste September.«
Als Antwort deutete die Concierge schweigend auf das Datum auf einer Zeitung, die sie in der Hand hielt.
»Oh, schon gut«, sagte Mama und rief Papa. »Es ist wegen der Miete.«
»Ich war mir nicht klar, daß sie heute fällig ist«, sagte Papa. »Es tut mir leid, aber ich kann sie Ihnen erst morgen geben.« Bei diesen Worten nahm das Gesicht der Concierge einen ganz besonders unangenehmen Ausdruck an.
Mama warf Papa einen besorgten Blick zu.
»Aber ich verstehe nicht«, sagte sie schnell auf deutsch, »bist du nicht gestern bei der Pariser Zeitung gewesen?«
»Allerdings«, sagte Papa, »aber sie haben mich gebeten, bis heute morgen zu warten.«
Die Pariser Zeitung hatte in der letzten Zeit solche Schwierigkeiten gehabt, daß es dem Herausgeber manchmal schwerfiel, Papa auch nur für die wenigen Artikel zu bezahlen, die sie noch von ihm veröffentlichen konnten, und im Augenblick war er ihm noch das Honorar für drei Beiträge schuldig.
»Ich weiß nicht, was Sie da miteinander reden«, fiel ihnen die Concierge unhöflich ins Wort, »aber die Miete ist heute fällig, nicht morgen.«
Beide, Papa und Mama waren überrascht über diesen Ton.

»Sie werden Ihre Miete bekommen«, sagte Mama, der die Röte ins Gesicht stieg, »aber wollen Sie jetzt bitte dieses wacklige Möbelstück in Ordnung bringen, damit ich heute abend irgendwo schlafen kann?«

»Das ist wohl kaum der Mühe wert«, sagte die Concierge, ohne einen Finger zu rühren. »Ich meine – Leute, die nicht mal ihre Miete rechtzeitig bezahlen können . . .«

Papa sah sehr böse aus.

»Ich verbiete Ihnen, in einem solchen Ton zu meiner Frau zu sprechen«, sagte er, aber auf die Concierge machte das keinen Eindruck.

»Sie spielen sich auf, und es ist nichts dahinter«, sagte sie.

Jetzt verlor Mama die Fassung.

»Wollen Sie jetzt das Bett in Ordnung bringen«, schrie sie, »und wenn Sie es nicht können, dann gehen Sie!«

»Ha«, sagte die Concierge, »Hitler wußte, was er tat, als er sich Leute wie Sie vom Halse schaffte.«

»Raus!« schrie Papa und schob die Concierge auf die Wohnungstür zu.

Als sie ging, hörte Anna sie noch sagen: »Die Regierung ist verrückt, daß sie Sie in unser Land läßt.«

Als Anna wieder zu Mama ins Zimmer kam, stand sie regungslos da und starrte das Bett an. Auf ihrem Gesicht lag ein Ausdruck, den Anna noch nie gesehen hatte. Als sie Papa sah, schrie sie: »So können wir nicht weitermachen!« und damit versetzte sie dem Bett einen gewaltigen Tritt. Es mußte sich etwas gelöst haben, denn sofort schoß der gepolsterte Sitz nach vorn über den Rahmen und rastete mit einem Knall ein. Alle lachten darüber, nur Mama nicht, die plötzlich sehr ruhig war.

»Es ist Donnerstag«, sagte sie mit einer unnatürlich ruhigen Stimme. »Es ist also im Kino eine Morgenvorstellung für Kinder.« Sie suchte in ihrem Portemonnaie und reichte Max etwas Geld. »Geht ihr beide hin.«

»Bist du sicher?« fragte Max. Die Kindervorstellung kostete einen Franc pro Person, und schon seit einiger Zeit hatte Mama immer gesagt, das sei zu teuer.

»Doch, doch«, sagte Mama. »Geht schnell, sonst kommt ihr zu spät.«

Irgend etwas kam ihnen an der Sache unheimlich vor, aber ein so großes Vergnügen konnte man sich nicht entgehen lassen. Anna und Max gingen also ins Kino, sahen drei Zeichentrickfilme, eine Wochenschau und einen Film über Hochseefischerei. Als sie zurückkamen, war alles ganz normal. Das Mittagessen stand auf den Tisch, und Mama und Papa standen nebeneinander am Fenster und sprachen miteinander.
»Ihr werdet sicher froh sein zu hören, daß die lächerliche Concierge ihre Miete bekommen hat«, sagte Papa. »Ich habe von der Pariser Zeitung mein Honorar bekommen.«
»Aber wir müssen mit euch reden«, sagte Mama.
Sie warteten, während sie die Speisen vorlegte.
»So kann es nicht weitergehen«, sagte Mama, »das seht ihr ja selber. Es ist für Papa nicht möglich, in diesem Land so viel zu verdienen, daß wir anständig leben können. Darum halten Papa und ich es für das einzig richtige, nach England zu gehen und zu versuchen, ob wir dort ein neues Leben beginnen können.«
Max machte ein niedergeschlagenes Gesicht, nickte aber. Er hatte dies offensichtlich erwartet.
»Wann würden wir denn gehen?« fragte Anna.
»Zunächst werden nur Papa und ich fahren«, sagte Mama. »Du und Max werden bei Omama und Opapa bleiben, bis wir alles geregelt haben.«
»Aber wenn es nun sehr lange dauert, bis ihr alles geregelt habt«, sagte Anna, »wir würden euch dann ja gar nicht sehen.«
»Es darf eben nicht allzu lange dauern«, sagte Mama.
»Aber Omama . . .« sagte Anna. »Ich weiß, sie ist sehr lieb, aber . . .« Sie konnte doch nicht sagen, daß Omama Papa nicht mochte, darum fragte sie statt dessen Papa: »Was meinst du denn?«
Papas Gesicht hatte den müden Ausdruck, den Anna haßte, aber er sagte ganz fest: »Ihr werdet dort gut versorgt sein. Und ihr werdet zur Schule gehen . . . eure Erziehung wird nicht unterbrochen.« Er lächelte: »Ihr seid beide so gute Schüler.«
»Es ist das einzige, was uns übrigbleibt«, sagte Mama.
Anna fühlte Trotz und Trauer in sich aufsteigen.
»Es ist also alles schon beschlossen?« fragte sie. »Wollt ihr

denn nicht einmal wissen, was wir darüber denken?«
»Natürlich wollen wir das«, sagte Mama »aber wie die Dinge liegen, haben wir keine Wahl.«
»Sag uns, was du denkst«, sagte Papa.
Anna starrte vor sich hin auf das rote Wachstuch.
»Ich meine nur, wir sollten zusammenbleiben«, sagte sie, »es ist mir gleich, wo oder wie. Es ist mir gleich, wenn die Umstände schwierig sind, wenn man zum Beispiel kein Geld hat, und das mit der blöden Concierge heute morgen war mir auch ganz gleichgültig – wenn wir nur alle vier zusammen sind.«
»Aber Anna«, sagte Mama, »viele Kinder trennen sich für eine Zeit von ihren Eltern. Viele englische Kinder sind in Internaten.«
»Ich weiß«, sagte Anna, »aber das ist etwas anderes. Wir haben keine Heimat. Wenn man kein Zuhause hat, dann muß man bei seinen Leuten bleiben.« Sie blickte in die verzweifelten Gesichter ihrer Eltern und es brach aus ihr heraus: »Ich weiß! Ich weiß, daß wir keine Wahl haben, und daß ich alles nur noch schwerer mache. Aber bis jetzt hat es mir nie etwas ausgemacht, ein Flüchtling zu sein. Es hat mir sogar gefallen. Ich finde, die beiden letzten Jahre, wo wir Flüchtlinge waren, waren viel schöner als die Zeit in Deutschland. Aber wenn ihr uns jetzt wegschickt, habe ich solche Angst . . . ich habe so schreckliche Angst . . .«
»Wovor denn?« fragte Papa.
»Daß ich mir wirklich wie ein Flüchtling vorkomme«, sagte Anna und brach in Tränen aus.

23

Hinterher schämte sich Anna sehr wegen ihres Ausbruchs. Sie hatte es doch die ganze Zeit gewußt, daß Mama und Papa nichts anderes übrigbleiben würde, als sie und Max wegzuschicken. Sie hatte nur erreicht, daß alle sich wegen etwas, das sowieso getan werden mußte, noch elender fühlten. Warum hatte sie nicht den Mund halten können? Als sie im Bett lag, grämte sie

sich deswegen, und sobald sie am nächsten Morgen erwachte, wußte sie, daß sie etwas unternehmen mußte. Sie hatte noch etwas von dem Geld für den Aufsatz – sie würde gehen und für alle zum Frühstück frische Croissants kaufen.
Zum ersten Mal seit Wochen wehte eine leichte Brise, und als sie mit der Tüte voll heißer Croissants vom Bäcker zurückkam, war ihr plötzlich viel wohler zumute. Es würde schon alles in Ordnung kommen – alles würde wieder gut werden.
Die Concierge sprach mit einem Mann, der einen starken deutschen Akzent hatte, und als Anna an den beiden vorbeiging, hörte sie, wie er nach Papa fragte.
»Ich bringe Sie nach oben«, sagte sie, ohne die Concierge zu beachten, und die Concierge reichte ihr mit beleidigtem Schweigen einen Brief. Anna warf einen Blick darauf, und ihr Herz schlug plötzlich schneller, als sie die englische Briefmarke erkannte. Während der ganzen Fahrt im Aufzug konnte sie nur daran denken, was in dem Brief stehen mochte, und sie erinnerte sich erst an Papas Besucher, als dieser sie ansprach.
»Du mußt die Anna sein«, sagte er, und sie nickte.
Er sah schäbig aus und hatte eine traurige Stimme.
»Papa«, rief Anna, als sie die Wohnung betraten, »ich habe Brötchen zum Frühstück gekauft, und ich habe einen Brief, und hier ist jemand, der dich besuchen will.«
»Jemand? Um diese Zeit?« sagte Papa, der aus seinem Zimmer kam und seinen Schlips zurechtzog.
Er führte den Besucher ins Eßzimmer, und Anna folgte mit dem Brief in der Hand.
»Guten Tag, Herr . . .«
»Rosenfeld«, sagte der Mann mit einer leichten Verbeugung. »Ich war früher Schauspieler in Berlin, aber Sie kennen mich nicht. Nur kleine Rollen, wissen Sie.« Er lächelte und zeigte dabei unregelmäßige gelbe Zähne. Dann fügte er scheinbar nebenbei hinzu: »Ich habe einen Neffen in der Konditoreibranche.«
»Papa . . .« sagte Anna und hielt ihm den Brief hin, aber Papa sagte: »Später.«
Es schien Herrn Rosenfeld Schwierigkeiten zu machen, zu sagen, weshalb er gekommen war. Seine traurigen Augen

schweiften im Eßzimmer umher, während er immer wieder ansetzte, seine Einleitung dann aber wieder verwarf. Schließlich steckte er die Hand in die Tasche und zog ein kleines Päckchen in braunem Papier heraus.
»Ich bringe Ihnen das hier«, sagte er und reichte es Papa. Papa wickelte es aus. Es war eine Uhr, eine alte silberne Uhr, und irgendwie kam sie Anna bekannt vor.
»Julius«, rief Papa.
Herr Rosenfeld nickte traurig. »Ich bringe schlechte Nachrichten.«
Onkel Julius war tot.
Während Mama Herrn Rosenfeld Kaffee einschenkte und dieser gedankenverloren an einem von Annas Croissants knabberte, erzählte er ihnen, wie Onkel Julius gestorben war. Er war vor ungefähr einem Jahr von seinem Posten als Kurator des Berliner Naturwissenschaftlichen Museums abgesetzt worden.
»Aber warum?« fragte Mama.
»Sie werden es doch wohl wissen«, sagte Herr Rosenfeld, »er hatte eine jüdische Großmutter.«
Danach hatte Onkel Julius nicht mehr als Naturwissenschaftler arbeiten können, sondern hatte eine Stelle als Handlanger in einer Fabrik gefunden. Er war aus seiner Wohnung in ein billiges Zimmer gezogen, und dort war er mit Herrn Rosenfeld bekannt geworden, der im Nebenzimmer wohnte. Trotz aller Schwierigkeiten war Onkel Julius in dieser Zeit noch ganz heiter gewesen. »Er . . . fügte sich in die Umstände, nicht wahr?« sagte Herr Rosenfeld. »Ich wollte damals schon zu meinem Neffen nach Paris ziehen, und ich sagte zu ihm: ›Kommen Sie mit – wir kommen beide in der Konditorbranche unter.‹ Aber er wollte nicht. Er schien zu glauben, daß die Lage in Deutschland sich ändern müsse.«
Papa nickte, er dachte an Onkel Julius in der Schweiz.
Herr Rosenfeld und Onkel Julius hatten viel miteinander geredet, und Onkel Julius hatte ihm viel von Papa und seiner Familie erzählt. Ein paarmal hatte Herr Rosenfeld ihn in den Zoo begleitet, wo er immer seine Sonntage verbrachte. Obgleich Onkel Julius so wenig Geld hatte, brachte er es doch immer fertig, den Affen Erdnüsse und den anderen Tieren irgendwelche

Reste mitzubringen, und Herr Rosenfeld hatte sich gewundert, wie sie an die Gitter gestürzt kamen, sobald sie ihn erblickten. »Es war nicht nur das Füttern«, sagte er, »es war eher eine Art von Güte, die sie an ihm wiedererkannten.«

Wieder nickte Papa . . .

Während des Herbstes war Onkel Julius sogar nach Feierabend in den Zoo gegangen. Sein ganzes Leben kreiste jetzt um die Tiere. Es gab einen Affen, der ihm erlaubte, ihn durch das Gitter hindurch zu streicheln . . .

Und dann, kurz vor Weihnachten, war der Schlag gekommen. Onkel Julius hatte einen offiziellen Brief bekommen, in dem sein freier Eintritt in den Zoo widerrufen wurde. Es wurde kein Grund angegeben. Die Tatsache, daß er eine jüdische Großmutter hatte, genügte.

Danach hatte Onkel Julius sich verändert. Er konnte nicht schlafen und aß nicht richtig. Er sprach nicht mehr mit Herrn Rosenfeld, sondern verbrachte die Sonntage in seinem Zimmer und starrte zu dem gegenüberliegenden Dach hinüber, wo die Spatzen sich tummelten. Schließlich hatte er einmal im Frühling spät in der Nacht an Herrn Rosenfelds Tür geklopft und ihn gebeten, falls er nach Paris ginge, etwas für Papa mitzunehmen. Herr Rosenfeld hatte erklärt, es würde wohl noch einige Zeit dauern, aber Onkel Julius hatte gesagt: »Ganz gleich, ich möchte es Ihnen jetzt übergeben«, und Herr Rosenfeld hatte das kleine Päckchen angenommen, um ihn zu beruhigen. Am nächsten Morgen war Onkel Julius tot aufgefunden worden, neben sich ein leeres Glasröhrchen, in dem Schlaftabletten gewesen waren.

Herr Rosenfeld hatte erst Monate später Deutschland verlassen können, war aber sofort zu Papa gekommen, um das Päckchen abzuliefern.

»Es ist auch ein Brief dabei«, sagte er.

Die Handschrift war so sorgfältig wie immer.

Es stand einfach da: »Lebt wohl. Ich wünsche Euch viel Glück«, und darunter stand: »Julius«.

Lange Zeit noch nachdem Herr Rosenfeld gegangen war, dachte Anna nicht an den anderen Brief, den sie immer noch in der Hand hielt. Aber schließlich erinnerte sie sich daran und

reichte ihn Papa. Er machte ihn auf, las ihn schweigend und gab ihn dann Mama.
»Sie wollen dein Filmmanuskript kaufen!« rief Mama, und dann, als könne sie es kaum glauben: »Tausend Pfund . . .«
»Heißt das, daß wir nicht bei Omama zu bleiben brauchen?« fragte Max schnell.
»Natürlich«, sagte Mama, »jetzt brauchen wir euch nicht fortzuschicken. Wir können alle zusammen nach England fahren.«
»O Papa!« rief Anna. »Papa, ist das nicht herrlich?«
»Ja«, sagte Papa. »Ich bin froh, daß wir alle beisammen bleiben.«
»Wenn ich daran denke, daß dein Drehbuch verfilmt wird!« Mamas Hand lag auf seiner Schulter. Dann bemerkte sie den verschlissenen Kragen unter ihren Fingern. »Du brauchst eine neue Jacke«, sagte sie.
»Wir wollen der Concierge Bescheid sagen und ihr kündigen«, sagte Max.
»Nein – warte!« rief Mama. »Aber wenn wir nach London gehen, sollten wir eure Schulen benachrichtigen. Und wir müssen uns wegen eines Hotels erkundigen. Und dort wird es kälter sein – ihr braucht wollene Sachen . . .«
Plötzlich mußten tausend andere Dinge besprochen werden. Aber Papa, der an allem schuld war, wollte über nichts sprechen. Während Mama und die Kinder plauderten und Pläne machten, saß er ganz still da und ließ die Worte an sich vorbeiströmen. Er hielt die Uhr von Onkel Julius in der Hand und streichelte sie ganz sacht mit einem Finger.

24

Es war seltsam, wieder Abschied zu nehmen und in ein anderes fremdes Land zu ziehen.
»Genau in dem Augenblick, wo wir richtig Französisch können«, sagte Max.
Es blieb keine Zeit, Madame Socrate auf Wiedersehen zu sagen, denn sie war noch in Urlaub. Anna mußte ein Briefchen

für sie in der Schule lassen. Aber sie ging mit Mama, um Großtante Sarah einen Abschiedsbesuch zu machen, die ihnen viel Glück für ihr neues Leben in England wünschte und sich sehr freute, als sie von Papas Film erfuhr.
»Endlich gibt jemand diesem ausgezeichneten Mann Geld«, sagte sie, »das hätten sie längst tun sollen.«
Die Fernands kamen gerade noch rechtzeitig von der See zurück, daß die beiden Familien einen letzten Abend miteinander verbringen konnten. Papa lud alle zum Essen in ein Restaurant ein, und man versprach einander, daß man sich bald wiedersehen wollte.
»Wir werden oft nach Frankreich zurückkommen«, sagte Papa. Er trug eine neue Jacke, und der müde Ausdruck war ganz von seinem Gesicht verschwunden.
»Und Sie müssen uns in London besuchen«, sagte Mama.
»Wir werden kommen und uns den Film ansehen«, sagte Madame Fernand.
Das Packen dauerte nicht lange. Jedesmal wenn sie umzogen, gab es weniger zu packen. Viele Dinge waren zerschlissen und weggeworfen worden. An einem grauen Morgen, nicht ganz zwei Wochen nachdem der Brief aus England gekommen war, standen sie zur Abreise bereit.
Mama und Anna standen zum letzten Mal in dem kleinen Eßzimmer und warteten auf das Taxi, das sie zum Bahnhof bringen sollte. Der Raum, aus dem all die kleinen Gegenstände des täglichen Gebrauchs, die ihn vertraut gemacht hatten, entfernt worden waren, wirkte kahl und schäbig.
»Ich weiß nicht, wie wir es hier zwei Jahre ausgehalten haben«, sagte Mama.
Anna strich mit der Hand über das rote Wachstuch auf dem Tisch. »Mit hat es gefallen«, sagte sie.
Dann kam das Taxi. Papa und Max stapelten das Gepäck in den Aufzug, und dann schloß Papa die Tür der Wohnung hinter ihnen ab.
Als der Zug aus dem Bahnhof fuhr, lehnte Anna mit Papa im Fenster und sah Paris langsam zurückgleiten.
»Wir werden zurückkommen«, sagte Papa.
»Ich weiß«, sagte Anna. Sie erinnerte sich an das Gefühl, als sie

für die Ferien in den Gasthof Zwirn zurückgekommen waren, und fügte hinzu: »Aber es wird nicht dasselbe sein – wir werden nicht mehr hierher gehören. Glaubst du, daß wir jemals irgendwo richtig hingehören werden?«
»Ich glaube nicht«, sagte Papa, »nicht so, wie die Menschen irgendwo hingehören, die ihr Leben lang an einem Ort gewohnt haben. Aber wir werden zu vielen Orten ein wenig gehören, und ich glaube, das kann ebenso gut sein.«
Die Herbststürme hatten in diesem Jahr früh eingesetzt, und als der Zug Dieppe gegen Mittag erreichte, lag die See wild und dunkel unter einem grauen Himmel. Sie hatten sich für die längere Überfahrt von Dieppe nach Newhaven entschieden, weil sie billiger war. Und das trotz Papas neuem Reichtum.
»Wir wissen nicht, wie lange wir mit dem Geld werden auskommen müssen«, sagte Mama.
Sobald das Schiff den Hafen von Dieppe verließ, begann es zu schaukeln und zu rollen, und Annas Begeisterung über ihre erste Seereise verflog schnell. Anna, Max und Mama beobachteten gegenseitig, wie ihre Gesichter immer blasser und grüner wurden, und mußten schließlich nach unten gehen und sich hinlegen. Nur Papa war nicht betroffen. Wegen des schlechten Wetters dauerte die Überfahrt sechs Stunden statt der üblichen vier, und schon lange bevor sie anlegten, hatte Anna jedes Interesse an England verloren: Hauptsache sie kamen hin. Als sie dann endlich da waren, war es zu dunkel, um irgend etwas zu sehen. Der Bootszug war längst abgefahren, und ein freundlicher, aber unverständlicher Gepäckträger setzte sie statt dessen in einen Bummelzug nach London.
Als dieser sich zögernd auf den Weg machte, sprenkelte sich die Scheibe leicht mit Regentropfen.
»Englisches Wetter«, sagte Papa, der sehr munter war, denn er war nicht seekrank gewesen.
Anna saß zusammengekauert in ihrer Abteilecke und beobachtete, wie die unbekannte dunkle Landschaft vorbeiglitt. Man konnte nichts richtig erkennen. Nach einer Weile wurde sie es müde hinauszustarren und betrachtete statt dessen verstohlen die beiden Männer, die ihr gegenübersaßen. Es waren Engländer. Im Gepäcknetz über ihren Köpfen lagen zwei schwarze,

melonenförmige Hüte, wie sie sie selten gesehen hatte, und die beiden saßen sehr aufrecht und lasen ihre Zeitung. Obgleich sie zusammen eingestiegen waren, sprachen sie nicht miteinander. Die Engländer schienen ein sehr stilles Volk zu sein.
Der Zug verlangsamte seine Fahrt und blieb zum zigsten Mal an einer kleinen schlechtbeleuchteten Station stehen.
»Wo sind wir?« fragte Mama.
Anna buchstabierte den Namen auf einem erleuchteten Schild. »Bovril«, sagte sie.
»Das kann nicht sein«, sagte Max, »der letzte Ort, an dem wir gehalten haben, hieß auch Bovril.«
Mama, die immer noch blaß von der Überfahrt war, schaute selber nach. »Das ist eine Reklame«, sagte sie. »Bovril ist irgendein englisches Nahrungsmittel. Ich glaube, man ißt es mit gekochtem Obst.«
Der Zug kroch weiter durch die Dunkelheit, und Anna wurde schläfrig. Irgendwie kamen ihr die Umstände bekannt vor – ihre Müdigkeit, das Rattern der Eisenbahnräder und der Regen, der gegen die Scheiben klatschte. Es war alles schon einmal so gewesen, vor sehr langer Zeit. Bevor sie sich genau erinnern konnte, schlief sie ein.
Als sie aufwachte, fuhr der Zug schneller, und Lichter huschten an den Fenstern vorüber. Sie blickte hinaus und sah nasse Straßen und Straßenlaternen und kleine Häuser, die alle gleich aussahen.
»Wir nähern uns London«, sagte Mama.
Die Straßen wurden breiter und die Gebäude größer und verschiedenartiger, und plötzlich änderte sich das Geräusch der Räder, und sie waren auf einer Brücke über einem breiten Fluß.
»Die Themse«, rief Papa.
Der Fluß war auf beiden Seiten von Lichtern gesäumt, und Anna konnte Autos und einen roten Bus unter der Brücke herkriechen sehen. Dann waren sie hinüber, hatten den Fluß hinter sich gelassen, und als ob eine Schachtel über den Zug geklappt worden wäre, waren sie plötzlich von der Helligkeit eines Bahnhofs umgeben, mit Bahnsteigen und Gepäckträgern und Menschenmassen, die plötzlich von allen Seiten heranströmten. Sie waren angekommen.

Anna stieg aus, und dann standen sie auf dem kühlen Bahnsteig und warteten auf Mamas Vetter Otto, der sie abholen sollte. Rings um sie waren Engländer. Die begrüßten einander, lächelten und redeten.
»Kannst du verstehen, was sie sagen?« fragte Anna.
»Kein Wort«, sagte Max.
»Nach ein paar Monaten werden wir es können«, sagte Anna.
Papa hatte einen Gepäckträger gefunden, aber von Otto war nichts zu sehen; so gingen Mama und Papa auf die Suche nach ihm, während die Kinder bei dem Gepäck blieben. Es war kalt. Anna setzte sich auf einen Koffer, und der Gepäckträger lächelte sie an.
»Francais?« fragte er.
Anna schüttelte den Kopf.
»Deutsch?«
Sie nickte.
»Ah, deutsch«, sagte der Gepäckträger. Er war ein rundlicher kleiner Mann mit einem roten Gesicht. »Ittla?« fügte er hinzu.
Anna und Max sahen einander an. Sie wußten nicht, was er meinte.
»Ittla! Ittla!« sagte der Gepäckträger. Er legte einen Finger unter die Nase, wie ein Bärtchen, und die andere Hand hob er zum Nazigruß. »Ittla?« sagte er.
»Oh, Hitler!« rief Max.
Anna fragte: »Gibt es hier Nazis?«
»Hoffentlich nicht«, sagte Max.
Sie schüttelten beide die Köpfe und machten mißbilligende Gesichter.
»No«, sagten sie, »no Hitler!«
Der Gepäckträger schien erfreut.
»Ittla . . .«, begann er. Er schaute sich um, ob ihn jemand beobachtete und spuckte dann kräftig auf den Boden. »Ittla«, sagte er. Das war es, was er von ihm dachte.
Sie lächelten alle, und der Gepäckträger wollte mit in die Stirn gezogenem Haar gerade eine neue Imitation von Hitler zum besten geben, als Mama von der einen und Papa mit Vetter Otto von der anderen Seite auftauchten.
»Willkommen in England!« rief Vetter Otto und umarmte

Mama. Und dann, als Mama ein wenig schauerte, fügte er vorwurfsvoll hinzu: »In diesem Land sollte man immer wollenes Unterzeug tragen.«

Anna hatte ihn aus Berlin als einen recht feinen Herrn in Erinnerung, aber jetzt sah er in seinem zerknitterten Mantel ziemlich schäbig aus. Sie gingen langsam hinter ihm her zum Ausgang. Der Menschenstrom umgab sie von allen Seiten. Es war so feucht, daß der Dampf vom Boden aufzusteigen schien, und Anna stieg der Gummigeruch all der Regenmäntel in die Nase. Am Ende des Bahnsteigs gab es einen kleinen Aufenthalt, aber niemand stieß oder drängte, wie es in Frankreich und Deutschland üblich war. Jeder wartete, bis die Reihe an ihn kam. Durch den Dunst hindurch leuchtete ein Obststand mit seinen Orangen, Äpfeln und gelben Bananen, und ein Ladenfenster war ganz mit Bonbons und Schokolade gefüllt. Die Engländer mußten sehr reich sein, wenn sie alle diese Dinge kaufen konnten. Sie kamen an einem englischen Polizisten mit einem hohen Helm vorbei und an einem anderen in einem nassen Umhang. Vor dem Bahnhof fiel der Regen wie ein glitzernder Vorhang, und hinter diesem Vorhang konnte Anna undeutlich eine Art von offenem Platz erkennen. Wieder kam das Gefühl über sie, daß sie das alles schon einmal erlebt hatte. Sie hatte im Regen vor einem Bahnhof gestanden, und es war kalt gewesen . . .

»Wartet hier, ich hole ein Taxi«, sagte Vetter Otto, und auch das kam ihr bekannt vor.

Plötzlich flossen ihre Müdigkeit und die Kälte in eins zusammen. In ihrem Kopf war es ganz leer, der Regen schien überall zu sein, und Vergangenheit und Gegenwart vermischten sich, so daß sie einen Augenblick lang nicht wußte, wo sie war.

»Ist dir was?« sagte Papa und packte sie beim Arm, da sie ein wenig schwankte, und Vetter Otto sagte in mitfühlendem Ton: »Es muß schwer sein, wenn man seine Kindheit damit zubringt, von Land zu Land zu ziehen.«

Bei diesen Worten klärte sich etwas in Annas Kopf.

»Eine schwere Kindheit . . .« dachte sie. Die Vergangenheit und die Gegenwart glitten auseinander. Sie erinnerte sich an die lange, mühselige Reise mit Mama von Berlin in die Schweiz, wie es geregnet hatte, und wie sie in Günthers Buch gelesen und sich eine schwere Kindheit gewünscht hatte, damit sie eines Tages berühmt werden konnte. Hatte ihr Wunsch sich erfüllt? Konnte man ihr Leben, seit sie von Deutschland weggegangen waren, wirklich als eine schwere Kindheit bezeichnen?

Sie dachte an die Wohnung in Paris und an den Gasthof Zwirn. Nein, es war lächerlich. Manches war schwierig gewesen, aber immer war es interessant und manchmal komisch, und sie und Max und Mama und Papa waren fast immer zusammen gewesen. Solange sie beisammen waren, konnte es doch keine schwere Kindheit sein. Sie seufzte ein wenig, sie mußte ihre Hoffnungen wohl aufgeben.

»Wie schade«, dachte sie, »auf diese Weise werde ich nie berühmt.«

Sie rückte näher an Papa heran und steckte die Hand in seine Tasche, um sich zu wärmen.

Dann kam Vetter Otto mit dem Taxi zurück.

»Schnell«, rief er. »Es wartet nicht.«

Alle rannten los. Papa und Vetter Otto schleppten das Gepäck heran. Der Taxifahrer warf es ins Auto. Mama rutschte in der Nässe aus und wäre beinahe gefallen, aber Vetter Otto fing sie auf.

»Die Engländer tragen immer Gummisohlen«, rief er und schob den letzten Koffer nach innen.

Dann kletterten sie alle in das Taxi. Vetter Otto nannte die Anschrift des Hotels. Anna drückte ihr Gesicht gegen die Scheibe, und das Taxi fuhr an.

Aus Geschichte und Zeitgeschichte in den Ravensburger Taschenbüchern

Die toten Engel
Von Winfried Bruckner. Das Schicksal jüdischer Kinder während des 2. Weltkrieges im Warschauer Getto. Band 361

Zwischen den Feuern
Von Gail Graham. 4 vietnamesische Kinder und ein amerikanischer Soldat in den Wirren des Krieges. Band 412

Die Webers – eine deutsche Familie 1932–45
Von Hans-Georg Noack. Der Alltag einer Arbeiterfamilie unter der Nazi-Diktatur. Band 591

Als Hitler das rosa Kaninchen stahl
Von Judith Kerr. Das Schicksal einer Berliner Familie in der Emigration von 1933 bis 1935. Band 600

Yamba
Von Ingeborg Bayer. Nach Erlebnissen auf dem Sklavenschiff: Roger will in dieses Geschäft nicht einsteigen. Band 641

Eine Frage des Mutes
Von Marjorie Darke. Birmingham – kurz vor dem 1. Weltkrieg: Emily Palmer schließt sich den »Sufragetten« an. Band 664

Die Zeitungsschmuggler
Von Hansgeorg Meyer. Trotz Verbot erscheint die Zeitung der Sozialisten weiter und wird auch verbreitet. Band 674